Sabine: „Ich achte auf jedes Wort von ihm". 122
Nuria: „Das Beste, was mir passiert ist". 124

**Getrennt zusammenleben –
ein Zukunftsmodell?** 128

Goldene Regeln für die Liebe auf Distanz . . . 132

Anhang 136
Literatur 136
Nützliche Adressen für den Fernbeziehungsalltag . . . 138

Register 141

Einführung

„Bis nachher, Schatz!" Diesen Satz haben Fernliebende aus ihrem Repertoire gestrichen. Nie gab es so viele Fernbeziehungen wie heute. Für die einen ist es ein Übergangsstadium während des Studiums oder in der Ausbildung, für die anderen ein notwendiges Übel aus beruflichen Gründen; für wieder andere ein bewusst gewählter Weg der Liebe. Allen Fernbeziehungen gemein ist aber dieser paradoxe Zustand, die meiste Zeit räumlich getrennt und seelisch doch vereint sein zu wollen.

Fernlieben sind so alt wie die Menschheit. Schon griechische Sagenhelden wie Odysseus zogen in die Ferne, führten Kriege, eroberten fremde Landschaften oder lösten göttliche Aufgaben und ließen Frau und Familie in der Heimat zurück. Leider wissen wir nicht genau, wie es Penelope, der Gattin des Odysseus, in dieser Fernbeziehung erging. Hat sie traurig daheim gesessen und auf Nachrichten gewartet? Vielleicht. Auf jeden Fall gaben sich in ihrem Haus die Männer, die allzu gern bereit waren, die Stelle des Gatten einzunehmen, die Klinke in die Hand. Wie gut, dass Odysseus davon nicht allzu viel mitbekam.

Zu einer Art Ehekrise kam es nach Homers Schilderungen nämlich erst, als der Fernpendler, der sich bekanntlich auf seiner Odyssee verirrt hatte, nach zwanzig langen Jahren zu Hause wieder auftauchte.

Moderner mutet die Liebe zwischen der ägyptischen Herrscherin Kleopatra VII. und dem römischen Kaiser Marcus Antonius an: Die beiden lernten sich bei einer offiziellen Konferenz (es ging um einen gemeinsamen Feldzug) im Jahr 41 v. Chr. kennen und lieben. In den folgenden elf Jahren führte das Paar trotz zahlreicher Verpflichtungen (und anderweitiger Ehen) eine klassische Pendelbeziehung zwischen Ägypten, Kleinasien und Rom und hatte drei gemeinsame Kinder. Ob sie irgendwann sogar offiziell den Bund fürs Leben schlossen, ist in der Forschung umstritten. An dem luxuriösen Shuttle-Leben der beiden Spitzenpolitiker aber hätte eine Eheschließung sicher nichts geändert.

Die magnetische Anziehung zwischen zwei Menschen, die sogar über Ländergrenzen, Ozeane, Kontinente hinweg zueinanderfinden, ist so alt wie die Menschheit – und doch brandaktuell: Als ich anfing, mich mit dem Thema zu beschäftigen, stieß ich in vielen Gesprächen darauf, dass der Begriff „Fernbeziehung" viel weiter gefasst werden kann. Der extremste Fall: Freunde, die statt eines Kontinents mit der U-Bahn nur die Grenzen zwischen drei Stadtteilen überwinden müssen, definierten ihre Liebe leicht scherzend als Fernbeziehung.

Viele der Paare und Einzelpersonen, mit denen ich gesprochen habe, kamen erst durch den Begriff „Fernbeziehung" darauf, dass sie gemeint sein könnten. Ein Begriff, der in seinen Bestandteilen eigentlich ein Widerspruch in sich ist, aber ihre Situation auf den Punkt bringt. Und ein Paar bemerkte erstaunt, dass beide den Begriff mögen, weil das Wörtchen „Beziehung" darin vorkomme. Damit bekam ihre Liebe, die sie bisher mit „wir sind zusammen" bezeichnet haben, eine deutliche Aufwertung.

Aber, dachte ich, muss es nicht doch einen fundamentalen Unterschied zu den klassischen Wochenendpendlern geben, die allwöchentlich zwischen Arbeitsstelle und Wohnort hin- und herfahren? Denen, die wohl eher sagen würden, dass das, was sie an ihrer Fernbeziehung am meisten stört, das Wörtchen „Fern-" ist?

Wie ich inzwischen gelernt habe, gilt beides. Viel wurde und wird seit einigen Jahren zum Thema geforscht, und in der Tat wird unter einer Fernbeziehung inzwischen allgemein jede Form von Beziehung verstanden, in der zwei Menschen von der klassischen Partnerschaftsform, definiert als gemeinsamer Alltag in einer Wohnung, abweichen. Welche Gründe sich dahinter verbergen, ob die Fernliebe ungewollt als Resultat des wachsenden Drucks auf dem Arbeitsmarkt geführt oder freiwillig gewählt wird – wenn man an Werktagen morgens allein im Bett aufwacht, obwohl man einen Partner hat, ist die Sache sonnenklar: Es handelt sich um eine Fernbeziehung.

Dazu gehört nach Schätzungen heute jede achte Beziehung. Nimmt man den Kreis der Erwerbsfähigen, wird sogar jede sechste Beziehung auf Distanz geführt. Wer sich im Bekannten- und Freundeskreis umhört, wird also umgehend fündig und stößt auf unterschiedlichste Formen. Da gibt es die Studenten, die es für ein paar Semester an eine neue Universität verschlägt. Den alten Freund, der nach einer gescheiterten Ehe erst einmal zögert, mit der neuen Partnerin eine gemeinsame Wohnung zu beziehen, um seine neu gewonnene Freiheit zu genießen. Oder die Kollegin, die die nächsten Wochen alleinerziehend leben darf, weil ihr Ehemann einen neuen, vielversprechenden Posten in Singapur angetreten hat.

Wie fühlt sich eine solche Fernbeziehung an? Die, die schon einmal eine Liebe aus der Ferne gelebt haben, wissen um die aufregenden Momente des Wiedersehens, die intensive gemeinsame Zeit, die Sehnsucht nach der Trennung, die langen zärtlichen Telefonate, aber auch um die Anfälle von Einsamkeit und Eifersucht, den nagenden Zweifel, ob man alles richtig macht. Klappt es, oder klappt es nicht?

Als Gründe, die zu einer räumlichen Trennung führen, werden am häufigsten Unabhängigkeit, Karriere und Selbstverwirklichung angegeben. Das ist nicht neu: Studenten und Menschen in der Ausbildung verlassen die Heimat und ziehen in die Welt. Sie gehörten immer schon zu den klassischen Fernliebenden, sind aber längst nicht mehr allein. Berufsanfänger, so hat eine Emnid-Studie ergeben, wechseln in der ersten Zeit bis zu sechs Mal die Arbeitsstelle, bis sie sich auf längere Zeit niederlassen. Mobilität und Flexibilität sind die Schlagworte im modernen Berufsalltag. Dementsprechend ist die Zahl der Pendler in Deutschland gestiegen.

Fast ein Drittel der Fernbeziehungen, so Professor Norbert Schneider von der Universität Mainz, werden aufrechterhalten, obwohl die Arbeitssituation ein Zusammenleben erlauben würde. Auch dahinter steckt der Wunsch nach finanzieller Selbstständigkeit und Unabhängigkeit, aber auch die individuelle Vorstellung von persönlicher Freiheit, die von Karriereplänen völlig losgelöst existiert.

In diesem Buch soll es um die grundsätzlichen Fragen gehen, die jeden Fernliebenden beschäftigen: Wie bleiben wir einander nah? Können wir treu sein? Verändern wir uns? Leben wir uns am Ende auseinander, oder finden wir eine neue Basis? Und nicht zuletzt: Wie gestalten wir die kostbaren gemeinsamen Momente des Zusammenseins so, dass wir eine glückliche Partnerschaft erleben?

Eines wurde in allen Gesprächen allerdings deutlich: Ob eine Fernbeziehung aus der Not heraus geboren und nur als zeitliches Übergangsstadium angesehen wird oder die Folge einer bewussten Entscheidung für das Getrennt-Leben ist – die Liebe auf Distanz weckt immer ambivalente Gefühle. Eine Fernbeziehung ist eben eine hoch riskante Form der Liebe. Wer es kennt: Probleme wie Eifersucht, Angst vor Verlust und Suche nach Geborgenheit erscheinen durch die räumliche Entfernung der Partner ungleich gewaltiger und werden genauer registriert. Das birgt aber auch Chancen.

In den Interviews, die ich mit Paaren und Einzelpersonen führte, entfalteten sich die unterschiedlichsten Geschichten und Erlebnisse. Manche handelten von großen Zweifeln, manche vom Scheitern. Andere berichteten von großer Nähe und erfüllter Liebe über alle Hindernisse hinweg. Eine Fernbeziehung ist wohl immer eine Gratwanderung: Für diejenigen, die sich nach Nähe und einem gemeinsamen Alltag sehnen, wird eine Fernliebe zur großen Qual. Für andere, denen der Sinn nach Freiheit und Ungebundenheit steht, die aber dennoch nicht auf Liebe und Leidenschaft verzichten möchten, stellt eine Fernliebe eher die spannende Form der Zweierbeziehung dar.

Dieses Buch will Mut machen. Eine Fernbeziehung ist nicht schlechter oder besser als die klassische Partnerschaft. Sie ist nur eben etwas andres.

Fernbeziehungen boomen

In vielen Teilen der Welt ist die Fernbeziehung seit Langem ein gängiges Modell. Dort ist es zumeist der Mann, der fernab der Familie für das Einkommen sorgt. Ganz zu schweigen von traditionellen Berufen beim Militär oder in der Seefahrt. In der heutigen Zeit scheint dieses Modell immer größere Kreise der Bevölkerung zu betreffen. Gibt es tatsächlich mehr Fernbeziehungen denn je – oder kommt es einem nur so vor?

Fernbeziehungen sind beim Statistischen Bundesamt keine Kategorie. Aber es gibt ein paar andere Zahlen, die ermessen lassen, dass die Menschen heute mobiler leben und lieben als je zuvor.

2007 verließen mehr als 160 000 Deutsche ihr Heimatland, die meisten, um für einen kurzen oder längeren Zeitraum im Ausland zu arbeiten. Ob sich das auch in der Heiratsstatistik niederschlägt, ist nicht nachzuweisen, aber ein Trend zeichnet sich ab: Binationale Ehen sind im Kommen. 2006 schlossen 50 503 Deutsche mit einem ausländischen Partner vor einem hiesigen Standesamt den Bund fürs Leben.

Selbst wenn man einschränkend hinzufügen muss, dass in dieser Aufstellung des Statistischen Bundesamts auch Menschen erfasst sind, die in Deutschland leben oder geboren wurden und dennoch eine andere Staatsbürgerschaft haben – jede sechste Ehe, die im Jahr 2006 in Deutschland besiegelt wurde, wird zwischen Menschen aus unterschiedlichen Ländern geschlossen. Wie viele dieser Euro-Ehen oder Interkontinental-Lieben als Fernbeziehungen begannen, darüber lässt sich nur spekulieren.

Mobilität, Flexibilität und Reisefreudigkeit sind die Zauberworte auf dem Arbeitsmarkt – die angesichts des Drucks durch eine relativ hohe Arbeitslosigkeit immer mehr an Bedeutung gewinnen. Dass Studenten und Auszubildende die Stadt wechseln, ist nicht neu. Für die meisten Akademikerpaare gehört die Fern- oder Pendelbeziehung zur ganz normalen Biografie. Man schätzt, dass ein Viertel aller Studenten und Dozenten eine Fernbeziehung führen. Hoch dotierte Manager und andere High-Potentials jetteten schon immer um die Welt, wechselten zwischen den Hauptsitzen ihrer Konzerne und oftmals auch zwischen den Kontinenten hin und her.

Doch der Zwang zum Pendeln betrifft inzwischen auch Berufe, die bislang nicht im Ruf standen, besonderen Glamour zu verbreiten. Da wechselt ein Tischler oder Beamter von Jena oder Wuppertal nach Stuttgart oder Halle an der

Saale. Es geht längst nicht mehr nur um die Karriereleiter, die es zu erklimmen gilt. Manchmal gibt es Jobs eben nur in der Ferne, und da müssen Familie und Beziehung für eine Weile zurückstecken.

Und die Pendlerströme in Bahn, Auto und Flugzeug sind gewaltig. Das Institut für Arbeitsmarkt- und Berufsforschung, eine Forschungseinrichtung des Bundesamts für Arbeit, ermittelte für das Jahr 2007 (Stichtag: 30. Juni) mehr als 110 000 Deutsche, die ins benachbarte oder ferne Ausland pendelten. Auch innerhalb Deutschlands sind die Menschen mobil, wie die Erhebung zeigt: 1 715 Menschen pendelten im gleichen Zeitraum zwischen Berlin und Schleswig-Holstein, knapp 8 000 zwischen der Hauptstadt und Bayern, 2 246 zwischen Thüringen und Niedersachsen. Entsprechend höher sind die Zahlen der Arbeitnehmer, die zum Arbeiten lediglich in die benachbarten Bundesländer einpendeln.

Rechnet man noch jene hinzu, die innerhalb eines der großen Flächenbundesländer zwischen Wohn- und Arbeitsort hin- und herfahren, kommt die Studie auf bundesweit mehr als eine halbe Million Arbeitnehmer, die Tag für Tag, Wochenende für Wochenende die Tasche packen und die Reise antreten.

Moderne Nomaden: Fakten & Zahlen

Die Zahl der Einpersonenhaushalte steigt in Deutschland immer weiter an. Das Statistische Bundesamt ermittelte für das Jahr 2004 in Deutschland 39,1 Millionen Haushalte, darunter 14,6 Millionen, in denen nur eine Person lebte. Drei Jahre später waren es bei 39,7 Millionen Haushalten bereits 15,38 Millionen Singlehaushalte. Im Vergleich dazu stieg die Zahl der Zweipersonenhaushalte im gleichen Zeitraum nur unwesentlich von 13,3 auf 13,4 Millionen.

Nun werden in dürren Statistiken wie dieser lediglich bestehende eheliche Gemeinschaften und die Zahl der Haushalte erfasst. Zwar können so eheliche und nicht eheliche Lebensgemeinschaften beziffert werden. Ob aber jemand wirklich alleinstehend ist, also ohne Partner lebt, oder eine stabile Fernbeziehung führt und somit sehr wohl eine Partnerschaft mit einem anderen Menschen existiert, der seinerseits auch einen eigenen Haushalt hat, ist diesen Statistiken nicht zu entnehmen.

Diese Lücke füllt eine Studie des Deutschen Instituts für Wirtschaft Berlin, die der Psychologe Jens B. Asendorpf 2008 unter dem Titel „Living Apart Together: eine eigenständige Lebensform?" (*SOEPpapers on Multidiscipinary Panel Data Research, 78*) veröffentlichte. Demnach sind sogenannte LAT-Partnerschaften, benannt nach dem englischen Wortspiel „living apart together", eingeführt 1978 von dem niederländischen Journalisten Michel Berkiel, in der gesamten westlichen Welt immer weiter verbreitet. Diese Studie bietet für Deutschland erstaunliche Zahlen:

2006 führten zwar knapp 30 Prozent der Deutschen sogenannte Singlehaushalte, doch von diesen gaben 29 Prozent an, in einer LAT-Partnerschaft zu leben. Noch höher lag der Anteil bei alleinerziehenden Müttern oder Vätern, von denen durchschnittlich 36 Prozent eine Beziehung auf Distanz unterhielten.

Im Vergleich zum Erhebungsjahr 1992 zeigte sich noch eine andere Besonderheit: Die Zahl der ehelichen Lebensgemeinschaften nahm in den letzten Jahren zwar kontinuierlich ab, wurde aber offensichtlich durch die Modelle der „wilden Ehe" und LAT ersetzt. Der Anteil der LAT-Paare an der erwachsenen deutschen Bevölkerung stieg von 8,5 (1992) auf 10,9 Prozent (2006), ihr Anteil an allen Partnerschaften von 11,6 auf 14,6 Prozent.

Damit zeigt sich auch, dass die immer wieder beklagte Vereinzelung der Deutschen, die angeblich zu einem Volk von bindungsschwachen Singles mutierten, die keine Verantwortung übernehmen wollen, klar widerlegt wird. Vielmehr deutet alles darauf hin, so ein Ergebnis der Studie des Deutschen Instituts für Wirtschaftsforschung, „dass die Formen der Partnerschaftsgestaltung vielfältiger oder stärker selbstbestimmt werden, ohne dass Partnerschaften seltener werden oder an Attraktivität verlieren". Tatsächlich erklären nur vier Prozent der „echten" Singles, überhaupt keinen Partner haben zu wollen.

Und es gibt noch mehr Zahlen. Der Soziologe Norbert F. Schneider unterscheidet in einer großen Studie aus dem Jahr 2002, die sich mit den Auswirkungen von Berufsmobilität auf Partnerschaft und Familienleben beschäftigte („Mobil, flexibel, gebunden"), diese Formen der Fernlieben:

Echte Fernbeziehungen, hier unter LAT subsumiert, stellen in dieser Studie das radikalste Modell dar. Damit wird die Beziehung zwischen zwei Menschen bezeichnet, die aus unterschiedlichen Gründen getrennte Haushalte führen wollen. Dahinter steckt nach eigener Aussage mehrheitlich der Wunsch nach Autonomie, Selbstverwirklichung und Abwechslung. Manchmal sind es auch ganz praktische Gründe wie zum Beispiel das Zusammenleben mit Kindern aus früheren Beziehungen, derentwegen ein gemeinsames Leben mit dem neuen Partner erst einmal nicht in Betracht gezogen wird. Im extremsten Fall wohnen beide Partner sogar in einem Haus, behalten jedoch eigene Wohnungen.

Wochenendpendler hingegen, verheiratet oder auch nicht, sind nahezu ausschließlich aus beruflichen Gründen getrennt. Die Amerikaner haben dafür das Wort „shuttle" geprägt. Und genau wie ein solches Raumschiff schweben Pendler unter der Woche durch den Alltag, um am Wochenende in der gemeinsamen Wohnung zu landen. Um dann am Montag wieder das Shuttle zu besteigen und abzuheben, ohne dass die Pendler das Steuer in der Hand hätten.

Mit dem schönen neudeutschen Wort „Varimobile" werden in dieser Studie diejenigen bezeichnet, die aus beruflichen oder anderen Gründen über einen längeren Zeitraum getrennt leben. Darunter fallen Schauspieler und Monteure, Piloten und Seeleute. Sowie Astronauten natürlich auch. Oft gründet der abwesende Partner in diesem Modell für einige Wochen oder Monate einen eigenen Haushalt am Ort der Tätigkeit oder lebt in Hotels oder anderen Unterkünften.

Und dann gibt es noch die „Umzugsmobilen". Bei ihnen führt ein Jobwechsel zur Trennung auf Zeit. Alle Umzugsmobilen dieser Studie führten in den vergangenen fünf Jahren für einen gewissen Zeitraum eine Fernliebe, bis am neuen Arbeitsort ein gemeinsamer Haushalt eingerichtet worden war. In der Mehrheit waren das Menschen, die ins Ausland entsandt wurden oder deren Firmen den Standort wechselten.

58 Prozent aller Befragten gaben nach dieser Studie an, dass die getrennten Haushalte ausschließlich aus beruflichen Gründen eingerichtet worden waren. Bei weiteren 13 Prozent wurde der ursprüngliche Trennungszustand freiwillig weitergeführt, obwohl dazu kein Grund mehr bestand. Und 29 Prozent wählten von Beginn an die Form der Fernbeziehung als die ihnen gemäße Lebensform.

Mehr als 63 Prozent der Fernliebenden gaben in dieser Studie an, dass das Lieben auf Entfernung gravierende Auswirkungen auf ihre Partnerschaft hat oder hatte. Das gilt sowohl für die, die über Monate unterwegs sind oder allwöchentlich hin- und herfahren, als auch für die Daheimgebliebenen, die ihr normales Leben als Alltagssingle weiterführen.

Zu den in dieser Studie am häufigsten genannten negativen Konsequenzen gehört, und das wundert erst einmal wenig, der pendelbedingte Stress: zum einen die zeitliche Einschränkung durch das ständige Reisen, zum anderen die knapp bemessene Zeit, die die Partner tatsächlich miteinander verbringen können. Von den finanziellen Belastungen ganz zu schweigen. Auch das Bedürfnis nach Nähe leidet darunter. Ein solch zermürbender Alltag führt nach subjektiver Einschätzung der Betroffenen dazu, dass die Partner sich voneinander entfremden und häufiger miteinander streiten.

Der größere Teil dieser modernen Nomaden allerdings, und hier wird es interessant, berichtet von eher positiven Folgen. Dazu gehören eine größere Zufriedenheit im Beruf, ein durchaus ansehnlicher materieller Vorteil und damit einhergehend eine gelöste und freie Beziehung zum Partner. Viele berichten auch, dass eine frühe Trennung auf Zeit aus beruflichen Gründen, zum Beispiel während des Studiums oder beim Eintritt ins Berufsleben, sich schließlich positiv auf die weitere Beziehung auswirkte. Partnerschaftliche Entscheidungen wie die Gründung eines gemeinsamen Hausstands oder einer Familie wurden demnach bewusster und harmonischer getroffen.

Piraten der Liebe oder kalte Egoisten?

„Ehrlich gesagt, ich finde unsere Fernbeziehung ganz prima. Unter der Woche kann ich machen, was ich will, meine Freundinnen treffen, ins Kino gehen, schmutzige Wäsche überall verteilen, das Geschirr stehen lassen", erzählt die 22-jährige Studentin Marie, die in Göttingen studiert und ihren Freund Sascha, der einen Studienplatz in Duisburg hat, nur am Wochenende sieht. „Ich bin dann Single und nicht wie andere Paare nur paarweise zu haben. Ich werde ernst genommen. Wenn Sascha am Wochenende kommt, rutsch ich ein bisschen nach hinten. Dann steht er im Freundeskreis im Mittelpunkt. Dann muss er die Ereignisse erzählen, die ich unter der Woche von ihm schon erfahren habe, wenn wir miteinander telefonieren. Aber den Rest der Zeit haben wir gemeinsam: lange im Bett bleiben, spazieren gehen, zusammen sein eben. Das genießen wir besonders, weil wir uns nicht jeden Tag sehen. Ansonsten würden wir uns bestimmt anöden." Beide planen nicht, in naher Zukunft zusammenzuziehen.

Damit stehen die beiden nicht allein. Ein Drittel aller fernliebenden Paare, so die Statistik, führt bewusst keinen gemeinsamen Haushalt, obwohl ansonsten nichts dagegen sprechen würde. Warum nur?

Die Frankfurter Psychologen Alexander Noyon und Tanja Kock haben in einer kleinen Studie von 2006 („Living apart together: Ein Vergleich getrennt wohnender Paare mit klassischen Partnerschaften") die Zufriedenheit von getrennt wohnenden Paaren mit der von Menschen in klassischen Partnerschaften verglichen und sind dabei zu folgenden Ergebnissen gelangt:

Qualität statt Quantität. Partner, die nicht zusammenwohnen, verbringen zwar weniger Zeit miteinander, planen und verbringen diese aber bewusster als Partner, die in klassischen Partnerschaften leben. Dazu gehört auch, dass Paare in getrennten Wohnungen zum Beispiel häufiger miteinander ausgehen als Paare, die zusammenleben.

Während bei klassischen Partnerschaften der Anteil der täglichen Kommunikation immer weiter sinkt, weisen alle Ergebnisse darauf hin, dass Fernliebende häufiger und auf unterschiedliche Weise (E-Mail, Telefon, SMS, Brief) miteinander in Kontakt stehen.

Getrenntwohnende streiten sich statistisch seltener – und wenn, dann über andere Punkte als Paare, die zusammenleben. In klassischen Partnerschaften steht die Haushaltsführung an erster Stelle der Zoff-Skala. Bei Getrenntwohnenden nimmt hingegen die Freizeitplanung den Spitzenplatz als Streitpunkt ein.

Zärtlichkeit. Getrenntwohnende zeigen eine höhere Zufriedenheit mit ihrem Liebesleben als Paare, die Tisch und Alltag teilen.

Ein bemerkenswerter Unterschied fand sich zwischen den Geschlechtern. Während Männer in Sachen Beziehungszufriedenheit unbeeindruckt davon waren, ob sie mit jemandem zusammenleben oder einen eigenen Haushalt führen, fand sich bei den Frauen ein signifikanter Unterschied. Frauen, die allein leben, zeigten sich zufriedener mit ihrer Partnerschaft. Die Nebenerkenntnis: Wahrscheinlich wird in klassischen Partnerschaften das Gros der Hausarbeit vorwiegend immer noch von den Frauen erledigt. Und Frauen, die allein leben, haben in der Mehrheit einen größeren

Freundeskreis, der ihnen den Partner zumindest zeitweise ersetzen kann.

Einer Umfrage aus dem Jahr 2006 zufolge, die Professor Jens B. Asendorpf im Internet durchführte, berichteten LAT-Paare wesentlich häufiger als herkömmliche Paare, dass sie ihre Beziehung als weniger verbindlich ansehen. Auch die emotionale Bindung an den Partner wurde oft als eher unsicher und ängstlich beschrieben. Im Gegenzug erlebten sie mehr Leidenschaft in der Beziehung, hatten häufigeren Geschlechtsverkehr und häufigere Seitensprünge als Paare, die zusammenlebten.

Erstaunlich ist dennoch bei allen Einschränkungen: LAT-Paare erleben ihre Beziehung als mindestens ebenso zufriedenstellend wie Paare in einer der klassischen Partnerschaftsformen wie Ehe oder wilde Ehe.

Gibt es die typische Fernbeziehungspersönlichkeit?

„Die machen es sich ganz schön einfach." – „Das wird doch nie etwas mit euch beiden!" – „Ach, schon wieder eine Fernbeziehung? Das ist typisch für dich! Du weigerst dich nur, dich auf eine echte Beziehung einzulassen." Wer in einer Fernbeziehung steckt, kennt solche Unkenrufe aus seiner Umgebung.

Steckt hinter der zunehmenden Zahl an Fernlieben ein neuer Egoismus, der Wunsch nach Freiheit bei gleichzeitiger Absicherung? Rauben Fernliebende, die „Piraten der Liebe", wie sie die Autorin Catrin Barnsteiner bezeichnete, einfach nur furchtlos und abenteuerlustig Glücksmomente und verprassen sie gedankenlos, ohne viel zu investieren? Oder ist es schlimmer? Sind sie womöglich gar bindungsunfähig und maskieren diese Unfähigkeit mit einer losen Beziehung, die dank der Distanz ohne größeren Aufwand mit ein paar Telefonaten und einem gemeinsamen Gute-Laune-Wochenende aufrechterhalten werden kann? Und mit einer kurzen SMS problemlos zu beenden ist?

Nein, sagt die Berliner Psychologin Fanny Jimenez, ganz so einfach ist es nicht. In ihrer aktuellen Untersuchung, die sie mit mehr als 1500 Fernliebenden zwischen 18 und 66 Jahren durchführte, begegnete sie überwiegend Menschen, die von einer sicheren Bindung an den Partner berichten und sehr großes Vertrauen in ihre Beziehung haben.

„Menschen, die zu Angst in der Beziehung neigen oder sich viel um ihre Beziehung Sorgen machen, sind in Fernbeziehungen dagegen unterrepräsentiert." Das ist kaum verwunderlich. Denn wer in einer Liebe ausschließlich leidet, die eigenen Bedürfnisse nach Sicherheit und Nähe nicht erfüllt findet oder von einer kleinen, heilen Familie in naher Zukunft träumt, wird eine Fernbeziehung eher früher als später beenden.

Fernliebende sind in der großen Mehrheit also alles andere als Gefühlskrüppel, sondern eher verwegene Glücksritter, die sogar eine Menge investieren, um ihre durchaus unterschiedlichen Bedürfnisse unter einen Hut zu bekommen. Glückliche Distanzliebende schaffen es schließlich immer wieder, über einen langen Zeitraum mit einem Partner trotz räumlicher Distanz Nähe, Geborgenheit und Intimität aufzubauen und zu erhalten und nebenbei die Einsamkeit im Alltag und den fehlenden Einbezug des Partners einigermaßen zu ertragen. Und dazu gehört eine gehörige Portion Engagement und Vertrauen.

||| Hier ein kleiner, nicht ganz ernst gemeinter Test:

Sind Sie für die Fernliebe geschaffen?
- Sie leben nach dem Motto „aus den Augen, aus dem Sinn" und halten wenig von Romantik.
- Sie leben in den Tag hinein und halten diese ganze Planerei für völlig überflüssig. Überhaupt gehen Sie ausgesprochen lässig mit Verabredungen und Freundschaften um.
- Sie trauen noch nicht einmal Ihrem besten Freund so richtig über den Weg.

- Sie bevorzugen unverbindliche und lockere Affären, die idealerweise nach wenigen Tagen beendet sind.
- Sie behalten Ihre Gefühle und Gedanken bei sich. An dieser Charakterstärke würde auch ein Therapeut/Beichtvater nichts ändern können.
- Sie bleiben am liebsten in Ihren eigenen vier Wänden. Denn da draußen in der Welt passiert Ihnen einfach zu viel Unerwartetes.
- Sie hassen lange Telefonate. Schließlich hängen Sie schon den ganzen Tag im Büro am Telefon.
- Sie rufen Ihren Partner am liebsten spontan mitten in der Nacht an. Dabei wollen sie einfach nur wissen, ob er oder sie tatsächlich, wie abgesprochen, zu Hause ist oder nicht.
- Sie haben keine Ahnung von Computern, Email kennen Sie nur von altmodischen Kochtöpfen, und Skype wird wohl ein neues Automodell sein.
- Sie wittern hinter jeder Hausecke Unheil und regeln die Dinge lieber allein. Auf die anderen ist ohnehin kein Verlass.

Je mehr Aussagen auf Sie zutreffen, desto gründlicher sollten Sie sich das Thema Fernbeziehung aus dem Kopf schlagen. Das ist wirklich nichts für Sie!

Alltag ohne Nähe

Gleichgültig, ob die Fernbeziehung gewollt oder ungewollt geführt wird, ob berufliche oder andere Rahmenbedingungen die Fernbeziehung erfordern: Wie gelingt es, aus der Distanz die Nähe zu schaffen, die eine glückliche Beziehung braucht? Wie schafft man es, mit dem Partner den Alltag zu teilen, auch wenn der in der Ferne weilt?

Fernliebende verbringen viel Zeit ohne einander. Sie leben in verschiedenen Welten, verbringen ihren Alltag getrennt und wollen sich doch nahe sein. Das gelingt nicht immer so reibungslos. Es ist nicht einfach, den Kontakt zum Partner zwischen Arbeitsbelastung und Terminstress, immer wiederkehrender Entfremdung und nagenden Zweifeln aufrechtzuerhalten.

Fernbeziehungen reduzieren das Privatleben auf ein Minimum. Einige genießen es, ein eigenes Leben mit viel Zeit für den Job zu haben und nicht abgelenkt zu sein. Andere empfinden nur Nachteile und arbeiten einzig und allein auf das Wochenende oder das nächste Treffen hin.

Eine Beziehung, die als Ausnahmesituation erlebt wird, birgt auch Gefahren. Eifersucht ist bei nahezu allen Distanzpaaren ein ganz zentrales Thema; ebenso die Angst vor Entfremdung und Verflachung der Liebe durch zu wenig gemeinsam verbrachte Zeit.

Welche Möglichkeiten nutzen Fernliebende, um ihren unterschiedlichen Lebensrhythmus und die verschiedenen Alltagswelten in Einklang zu bringen? Und welche besonderen Chancen für kreative Gestaltung bietet eine Liebe auf Distanz?

Für Überstunden bleibt viel Zeit

Nach einer Studie, die der Arbeitsmarktexperte Prof. Dr. Gerhard Bosch 2002 in 16 europäischen Ländern durchführte („Wie die Europäer arbeiten wollen"), wünschen sich die Arbeitnehmer mehrheitlich einen variablen Mix aus Voll- und Teilzeitarbeit. Im Durchschnitt arbeitet jeder Europäer 39 Stunden; ihm wären durchschnittlich 34,5 Stunden allerdings lieber.

Dahinter stecken ganz unterschiedliche Entwicklungen: Viele Männer plädieren für Überstunden, ein Teil der vollzeitarbeitenden Frauen wünscht Teilzeit, andere würden ihren 20-Stunden-Job gern auf 30 Stunden pro Woche aufstocken. Besonders groß ist das Interesse an Sabbaticals. 57 Prozent würden ihre Tätigkeit für einen längeren Zeitraum unterbrechen, wenn die Rückkehr an den früheren Arbeitsplatz gewährleistet ist. 38 Prozent würden für das freie Jahr oder auch Halbjahr, das sie mit einer langen Reise oder Weiterbildung verbringen möchten, auf den Lohnausgleich gleich ganz verzichten.

Auch wenn nach einer Erhebung des privaten Instituts der deutschen Wirtschaft, Köln, 2007 nur noch 13 Prozent der deutschen Beschäftigten in klassischen Arbeitsverhältnissen ohne Schichtdienst, Überstunden und Gleitzeit standen: Möglichkeiten zur flexiblen Gestaltung wie Jobsharing, Zeitsparmodelle, Jahresarbeitszeitvereinbarungen sind immer noch viel zu wenig verbreitet, auch wenn der Gesetzgeber diese Alternativen vorsieht und auch immer weiter vorantreibt. In der Realität des Arbeitsalltags mit Tarifverträgen, betrieblicher Organisation und wirtschaftlichem Druck werden sie leider nur sehr selten umgesetzt.

Darunter leiden nicht wenige Fernbeziehungen. Nur wenige Distanzpaare haben von vornherein die Möglichkeit, ihr Arbeitspensum und ihre Arbeitszeit eigenverantwortlich so zu gestalten, dass immer mal wieder ein langes Wochenende oder durch angesparte Überstunden ein paar zusätzliche freie Tage herausspringen, die mit dem Partner verbracht werden können.

Doch es gibt auch immer wieder mal gute Nachrichten: Einige Vorreiter unter den Arbeitgebern haben offensichtlich erkannt, dass das Modell des „Dual Career Couple", der Paarkonstellation, bei der beide mit oder ohne Kind berufstätig sind, steigende Verbreitung findet. Diese Unternehmen orientieren sich weniger an den traditionellen Kriterien, die zum Beispiel den Mann als Ernährer einstufen und möglichst in Vollzeit binden wollen, sondern auf die Bedürfnisse von Arbeitnehmern in individuellen Zeitmodellen einzugehen versuchen.

Einige international tätige Unternehmen haben bereits erkannt, dass ein Führungsmitarbeiter, der für einen noch so hoch dotierten Job in Fernost seine Familie zurücklassen muss, weniger Leistung erbringt. „Heute haben Frauen ein eigenes Leben, eine eigene Karriere", erklärt die Mitarbeiterin eines großen Stahlkonzerns, die für die Betreuung von Mitarbeitern im Ausland zuständig ist. „Die warten nicht unbedingt darauf, mit Kind und Kegel auf einen anderen Erdteil umzuziehen." Also wird die Familie bei einigen Firmen gleich mit in den Wechsel einbezogen.

Solche Komplettentsendungen sind für die Firmen zwar erst einmal teurer, denn zur Bereitstellung der Wohnung und der Flüge kommt die Unterstützung bei der Betreuung der Kinder sowie der Schulsuche und manchmal auch die Jobsuche für den Partner. Da unter diesen geradezu paradiesischen Umständen kaum ein Mitarbeiter den Auslandsaufenthalt vorzeitig abbricht, macht sich diese Umsicht für die Unternehmen am Ende vollauf bezahlt.

Davon können vor allem jene Fernliebenden nur träumen, die sich mit Karriereträumen, Überstunden, starren Bürozeiten und engen Terminplänen herumschlagen müssen. Besser haben es da Studenten, Freiberufler, Telearbeiter mit gemütlichem Home Office und Selbstständige. Sie können sich mit der nötigen Disziplin die Arbeitszeit selbst einteilen und ihre Freizeit flexibel planen.

Alle anderen können mit ihrem Arbeitgeber eine Teilzeit- oder Zeitkontenregelung vereinbaren. Oder, wenn möglich, einen Teil der Arbeit von zu Hause aus leisten. Das bietet viele Möglichkeiten, bringt aber auch Nachteile mit sich: Wer „nur" in Teilzeit arbeitet, muss damit rechnen, dass Kollegen einen belächeln und nebenbei Kompetenzen beschnitten werden.

Manchmal reicht schon der Wunsch. Was bei Frauen als durchaus akzeptabel gilt, löst allgemeines Unverständnis aus, wenn Männer um eine Absenkung der Arbeitszeit bitten. Zu tief ist die Überzeugung verwurzelt, dass eine Festanstellung, mehr noch eine Leitungsposition Verfügbarkeit rund um die Uhr bedeuten.

Alltag ohne Nähe

Eine Studie der Unternehmenberatung McKinsey aus dem Jahr 2007 hat erneut festgestellt, dass die Bedeutung von Teilzeit und flexiblen Arbeitszeiten in den nächsten Jahren und Jahrzehnten weiter zunehmen wird. Aber auch, dass der Wunsch nach Teilzeit im Gegenzug ein echter Karrierekiller sein kann.

Nahezu alle Unternehmen, die eine familien- und beziehungsfreundliche Personalpolitik mit flexiblen Arbeitszeiten und Arbeitsabläufen eingerichtet haben, machen nach eigenen Angaben damit nur positive Erfahrungen: Die Mitarbeiter sind kreativer und effektiver. Eine Faustregel besagt: Zwei Teilzeitkräfte schaffen mehr als eine Vollzeitkraft. Auch die Fluktuation und der Krankenstand sinken deutlich. Ganz zu schweigen von der deutlich höheren Motivation.

||| TIPP

Arbeitszeiten
Grundsätzlich haben alle Arbeitnehmer Anspruch auf verringerte Arbeitszeit (Teilzeit- und Befristungsgesetz, kurz TzBfG, §8), ob 15, 20 oder 30 Stunden ist Verhandlungssache. Ein einvernehmliches Gespräch mit dem Chef ist dazu notwendig, denn er stimmt zu, solange kein betrieblich bedingter Ablehnungsgrund vorliegt.
Gleiches gilt auch für Teilzeitbeschäftigte, die Vollzeit arbeiten möchten (TzBfG, §9).

> Eine Teilzeitlösung kann nur in Betrieben mit mindestens 15 Mitarbeitern beansprucht werden. Kleinere Betriebe sind davor geschützt (§8).
> Mehr dazu auf der Website des Bundesministeriums für Arbeit und Soziales (www.bmas.de).

Projektion – das falsche Bild

Ein gewisses Maß an Idealisierung gehört zu jeder Beziehung. Das gilt umso mehr für Fernbeziehungen. „Häufig wird der Partner stark idealisiert, ein Mechanismus, um die Beziehung während der räumlichen Trennung zu schützen", weiß die Berliner Psychologin Fanny Jimenez. Den anderen in den Himmel zu heben ist ein verbreiteter Weg, um eigene Zweifel und Unsicherheiten im Zaum zu halten.

Natürlich kann das sehr trügerisch sein. Es ist einfach, jemanden zu idealisieren, von dem man nicht alles weiß und auch gar nicht wissen kann. Und ehe man sichs versieht, ist ein Trugbild aufgebaut, das mit der Realität nicht mehr viel zu tun hat.

Gegen Projektionen, die auf Glaubenssätzen beruhen wie „Wenn er mich liebt, weiß er, was ich denke", kann sich kaum jemand wehren. Nicht nur, aber besonders in Beziehungen auf Distanz besteht die Gefahr, dass man konsequent vieles ausblendet, das vom Gegenteil zeugt. Es wird einem auch leicht gemacht. Doch manchmal verpasst man den Anschluss und merkt das erst, wenn es zu spät ist.

„Ich bin davon ausgegangen, dass mein Einzug ihm genauso wichtig ist wie mir. Und er glaubte, es würde sich zwischen uns nichts ändern. Er war es gewohnt, das zu tun, wonach ihm war", erzählt Katrin. Es war der Anfang vom Ende ihrer langen Fernbeziehung, die mit einer gemeinsamen Wohnung gekrönt werden sollte. „Ich wollte Zweisamkeit, für ihn war es eine Zweck-WG. Seine Art, sich nicht an der Hausarbeit zu beteiligen, abends spät nach Hause zu kommen, seine Freizeit ohne mich zu planen, hat mich beleidigt. Dann eröffnete er mir, dass er ein Auslandsangebot bekommen habe. Das wolle er auf jeden Fall annehmen, ich könne ja mitkommen, wenn ich unbedingt wolle. Da fiel bei mir endlich der Groschen." Nach sechs Monaten kam die Trennung, der Schlusspunkt nach zwölf Jahren Liebe.

Auch wenn es zur romantischen Vorstellung der Liebe gehört, dass man einander blind versteht oder wie in Katrins Erzählung selbstverständlich das Gleiche möchte, sollte man den Anfängen wehren. Statt des Glaubenssatzes „Wir sind uns so nah, wir müssen seelenverwandt sein" wäre ein neuer Satz besser. „Ich bin nicht du, und du bist nicht ich" stellt klar, dass Partner nicht durch falsche Vereinnahmung, sondern erst durch Austausch und Auseinandersetzung einander näherkommen. Auch wenn manche Erkenntnis wehtut.

Dauerbrenner Eifersucht

„Natürlich mache ich mir Gedanken: Was macht er jetzt wohl? Wen hat er getroffen? Hat sich vielleicht längst eine Konkurrentin bei ihm breitgemacht?" Das sind Fragen, die sich die Studentin Sabine aus Berlin täglich stellt, seit ihr Freund Jens, mit dem sie seit vier Jahren liiert ist, vor drei Monaten nach Cambridge zog. „Und dann liege ich manchmal schlaflos im Bett und stelle mir vor, dass er diesen Hundeblick aufsetzt – nur gegenüber einer anderen. Ist er mir treu? Körperlich bestimmt, aber ich werd schon beim Gedanken völlig kirre, dass er sich verlieben könnte!"

Als einer der häufigsten Gründe, deretwegen sich Paare streiten, die nicht zusammenleben, wird Eifersucht genannt. Einer Studie der Gesellschaft für Rationelle Psychologie zufolge geben 52 Prozent der getrennt Lebenden an, regelmäßig eifersüchtig zu sein – während es bei den herkömmlichen Beziehungen nur 37 Prozent sind. Die Leidenschaft, die nach einem bekannten Spruch „mit Eifer sucht, was Leiden schafft", steht laut der bereits erwähnten Untersuchung der Psychologen Alexander Noyon und Tanja Kock in der Zoff-Hitliste der getrennt Lebenden weit oben an Platz vier. Zum Vergleich: Bei Partnern, die Wohnung, Bett und Alltag teilen, rangiert die Eifersucht erst an 13. Stelle – gleich nach den Streitpunkten Kindererziehung oder Verwandte.

Jeder, der seinen Partner nur am Wochenende oder noch seltener sieht, kennt dieses Gefühl des Zweifels. Was macht er oder sie gerade? Mit wem umgibt er sich wann und wie? „Weil die Kinder da sind, empfinde ich die Abwesenheit von Dieter als schlimm", erzählt die 37-jährige Petra, unter der Woche alleinerziehende Mutter von zwei Kindern im Alter von drei und fünf Jahren. „Die Kinder selbst haben kein Problem damit, dass er nur am Wochenende da ist. Ich schon. Nicht nur, weil ich durch die Kinder in meinem Alltag viel eingeschränkter bin als früher. Bevor die Kinder da waren, war Eifersucht kein Thema für mich. Jetzt mach ich mir schon mal Gedanken. Schließlich geht es jetzt auch um viel mehr."

Erliegt der Partner den Verlockungen, die ihm in der Ferne auf Schritt und Tritt begegnen? Und hat sie nicht neulich erst ausgiebig am Telefon vom neuen Kollegen geschwärmt? Da heißt es, erst einmal durchatmen und ruhig bleiben. Auch wenn das mitunter schwerfällt.

Grundsätzlich ist es so, dass Fernliebende in ihrem Alltag häufiger neue und interessante Menschen treffen und kennenlernen als Liebende in Nahbeziehungen. Und das ganz unabhängig von der Frage, wie zufrieden oder unzufrieden Fernliebende mit ihrer Beziehung sind. Im Alltag treten Fernliebende streng genommen als Teilzeit-Singles auf. In den meisten Fällen verbringen sie mehr Zeit mit ihren Freunden, begeben sich häufiger in die Öffentlichkeit und sind länger am Arbeitsplatz als Menschen in klassischen Zweierbeziehungen. Das liegt in der Natur der Sache.

Doch steigt damit auch die Gefahr für die Liebe? Ist es tatsächlich so, dass die räumliche Trennung vom Partner die Wahrscheinlichkeit von Seitensprüngen erhöht? Dass die Verfügbarkeit eines potenziellen Partners dazu führt, dass der Seitensprung leichter wird, wenn man weiß, dass der andere ganz weit weg ist und von einem kleinen Techtelmechtel nichts mitbekommt?

Dem scheint nicht so zu sein, wie die Berliner Psychologin Fanny Jimenez in einer umfangreichen Befragung von Fernliebenden herausfand. Eifersucht ist ein zentrales Thema zwischen Fernliebenden, keine Frage. Doch zwischen Fantasie und Realität scheint es einen großen Unterschied zu geben.

In der Studie von Frau Jimenez stellte sich nämlich heraus, dass die Befragten statistisch sogar weniger zum Seitensprung neigen als Menschen in Nahbeziehungen. Die

Gründe dafür? Vielleicht macht Distanz den Partner attraktiver, vielleicht fühlen Fernliebende auch eine höhere Loyalität zum fernen Partner. Wie auch immer, es gibt wohl kaum ein schöneres Kompliment. Und außerdem beruhigt es ungemein.

Seitensprung – der Super-GAU?

Er kommt vor, der Seitensprung. Er passiert auch selten von ungefähr. Manche vermissen in ihrer Beziehung etwas und suchen es andernorts. Andere lassen sich vom Moment hinreißen und geben der Lust auf ein bisschen unverbindlichen Sex und Spaß einfach nach. Vielleicht können sie genau zwischen Liebe und Sex trennen. Vielen anderen geht das zutiefst gegen den Strich.

Wie auch immer, derjenige, der gesprungen ist, steht auf jeden Fall auf der besseren Seite. Vielleicht macht er sich im Nachhinein Vorwürfe. Sein Gegenüber hingegen wird sich betrogen, hintergangen fühlen. Die wenigsten Menschen können mit einem Seitensprung locker, offen und souverän umgehen. Die „normale" Reaktion besteht aus Verletztsein, großer Wut und dem grauenvollen Gefühl der Erniedrigung. Gegen einen Vertrauensbruch helfen kaum Erklärungen, höchstens die Zeit, die alle Wunden heilt, vielleicht Ablenkung und Gespräche. Aber vielen Betrogenen bleibt am Ende nur, den Partner endgültig zu verlassen. Ihre Gefühle sind so stark, dass sie gar nicht anders können. Auch wenn es ihnen das Herz bricht.

Man kann sich mit diesem Thema nicht früh genug befassen. Am besten gleich zu Beginn einer Beziehung. Wie gehe ich mit einem Seitensprung um? Wo fängt Betrug an? Und will ich es wirklich so genau wissen?

Bei der letzten Frage könnten die Ratschläge, die im Umlauf sind, nicht unterschiedlicher sein. Die einen raten zu absoluter Ehrlichkeit ohne Wenn und Aber. Ein riskanter Rat, meinen andere. Mag der eine Partner jemand sein, der den Wunsch nach ein wenig Abwechslung im Bett nicht mit Liebe verwechselt, muss der andere das noch lange nicht so sehen. Da hilft auf Dauer auch keine Vernunft und keine Toleranz. Die Frustration wird wachsen, bis es mit größter Wahrscheinlichkeit zur Trennung kommt.

Eine Fernbeziehung bietet naturgemäß mehr Möglichkeiten zum Seitensprung. Er ist leichter zu organisieren und kann, wenn es gewollt wird, lange unentdeckt bleiben. Und das ist erst einmal nicht schlecht.

Der Psychotherapeut Wolfgang Schmidbauer zählt zu den Verfechtern der heilsamen Lügen. Denn er ist der Überzeugung, dass Paare nicht alles voneinander wissen müssen. Und schon gar nicht das, was Partner verheimlichen wollen. Viele seien mit der Wahrheit schlichtweg überfordert und setzten so eine gute Beziehung ohne Not aufs Spiel, wenn sie die absolute Kontrolle verlangen.

Natürlich sind Seitensprünge grenzwertige Vorkommnisse. Um sie zu verheimlichen, braucht es eine Menge Geschick und Organisation. Denn wer erwischt wird, riskiert seine Glaubwürdigkeit und verliert das Vertrauen seines Partners. Vielleicht ist es wirklich manchmal besser, keine bohrenden Fragen zu stellen. Unter Umständen erweist sich sonst die Wahrheit als Todfeind der Liebe.

Es hilft also nur, sich immer wieder zu prüfen: Will ich meinem Partner treu sein? Was hat es zu bedeuten, wenn ich einen Seitensprung begehe? Was bedeutet es, dass ich bei meinem Partner etwas mir Wichtiges nicht bekomme? Warum nicht? Oder bin ich einfach nur meiner Lust gefolgt? Wie würde mein Partner reagieren, wenn ich ihm meine Tat beichte? War das alles so wichtig, dass ich dafür eine gute Beziehung aufs Spiel setze?

Beschäftigen Sie sich mit dem Thema, klären Sie Ihre Erwartungen und die Ihres Partners frühzeitig ab. Dann muss ein Seitensprung kein Super-GAU sein.

Absprachen

Spontaneität ist toll, aber Fernbeziehungen brauchen Absprachen. Partner in Nahbeziehungen teilen einen Alltag, den sie mehr oder minder bewusst gemeinsam strukturieren. Vieles bleibt unausgesprochen und entwickelt sich wie von selbst. Wenn man weiß, dass der Partner nur drei Straßen weiter im Büro sitzt und gerade Zeit haben könnte, kann man ruhig mal spontan zum Hörer greifen. Die wenigsten Paare in Nahbeziehungen setzen sich hin und planen die Zeiten, zu denen sie miteinander kommunizieren wollen. Solche Gemeinsamkeiten und Beziehungsgewohnheiten entstehen nebenbei und können sich, da beide Partner jederzeit aufeinander zugreifen können, auch mal spontan verändern, mitunter zum Schlechten.

In einer Fernbeziehung muss ein solcher gemeinsamer Alltag erst aufgebaut werden. Rituale müssen her, durch die eine Beziehung strukturiert und als bindend empfunden wird. „Das ist natürlich Verhandlungssache und erfordert einiges an Kommunikationsstärke und Offenheit", weiß die Psychologin Fanny Jimenez. „Klare Regeln, wie oft man zum Beispiel miteinander chattet oder wann die Eltern des Partners besucht werden, erhöhen das Gefühl, am Leben des Partners Anteil zu haben und ihm im Gegenzug wichtig zu sein."

Die hohe Kunst der Beziehungsarbeit besteht darin, die unterschiedlichen Bedürfnisse nach Nähe so zu koordinieren, dass beide Partner auf ihre Kosten kommen. Schließlich gilt es, zwei Leben nicht nur zeitlich, sondern auch räumlich aufeinander einzustimmen.

Der eine arbeitet viel und bis spät in die Nacht und wäre mit einem Anruf während des Tages vollauf zufriedengestellt. Der andere würde am liebsten fünf Mal am Tag zum Hörer greifen. Anderen Paaren reichen die tägliche Gute-Morgen- und Gute-Nacht-SMS. Und was die heiß ersehnten Besuche betrifft: Manchmal möchte ein Partner auch einfach mal ein ganzes Wochenende für sich allein verbringen.

Solche Absprachen setzen eine Menge Frustrationstoleranz voraus, denn die Vorstellungen über Sehen oder Nichtsehen, Telefonieren oder Auszeit können durchaus weit auseinanderliegen. Und es kann eine Weile dauern, bis sich die kleinen Rituale zwischen zwei Fernliebenden eingespielt haben. Schließlich sehen sie sich nicht jeden Tag, und die gemeinsam verbrachte Zeit ist eigentlich immer viel zu kurz, um alles restlos zu klären.

Sie hätten sehr lange gebraucht, erzählen Justus, Computerfachmann aus Jena, und Brigitte, Bankangestellte aus Braunschweig, bis sie sich über die Formalien ihrer Beziehung einig waren. „Mir war einfach nicht klar, wie wichtig es für Biggi ist, spätestens jeden zweiten Tag miteinander zu telefonieren. Ich sah das eher locker", berichtet Justus.

„Dass er gerade zu Beginn unserer Beziehung Treffen auch mal kurzfristig absagte, hat mich richtig sauer gemacht. Erst nachdem es mal richtig knallte zwischen uns, hat er gemerkt, wie sehr mich seine Nachlässigkeit verletzt hat", erzählt Brigitte. „Ich kam nicht als sehr verlässlich rüber", gibt Justus zu, „eher als ziemlich maulfaul. Warum reichte denn nicht das Wochenende, um sich alles zu erzählen? Inzwischen bin ich ganz gut am Telefon."

Für Absprachen gilt eines ganz besonders: Sie sollten ernst genommen werden. Ein lässiger Umgang mit ihnen kann auf Dauer erhebliche Missverständnisse nach sich ziehen. Durch die Entfernung wirkt alles, was jeder Partner macht, für das jeweilige Gegenüber wie durch eine Lupe um ein Vielfaches vergrößert. Eine kurzfristige Absage, in knappen Worten übermittelt, versteht nicht jeder gleich so, wie sie verstanden werden sollte. Lieber eine Erklärung zu viel als ein Gespräch zu wenig, sollte die Devise sein.

Von Zetteln, E-Mails und Telefonaten

Kommunikation ist das A und O jeder Beziehung. Das klingt wie eine Binsenweisheit. Ist es auch. Wenn Sie aber bedenken, dass Paare, die immerhin Bett, Tisch und Alltag teilen, laut Berichten durchschnittlich nur sieben bis 14 Minuten am Tag miteinander reden, bekommen Sie eine Ahnung davon, dass Sie es mit einer Liebe auf Distanz nicht schlecht getroffen haben dürften.

Partner, die nicht zusammenleben, sprechen nämlich häufiger und länger miteinander. Das geschieht zwar per E-Mail, Brief, Telefon oder SMS, hat aber den Vorteil, dass der Kontakt eben nicht im Vorübergehen zwischen Tür und Angel stattfindet. Damit sind sogenannte „Zwangsprozesse", zu denen Psychologen auch den kurzen flüchtigen Kuss an der Tür zählen, so gut wie ausgeschlossen.

Aber Kommunizieren will gelernt sein. Für Menschen, die am Telefon eher zur Einsilbigkeit neigen und Gespräche kurz und sachlich führen möchten, dürfte das beziehungsfördernde Langgespräch eine echte Herausforderung darstellen. Ganz zu schweigen vom Partner. Jeder kennt das nagende Gefühl, wenn der andere länger schweigt oder ein Thema nur knapp anschneidet. „Da ist doch was!", möchte man fragen. Tun Sie es. Kaum ein Medium ist so missverständlich und manchmal sogar gefährlich wie das Telefon. Sie sehen den Partner nicht, Sie hören ihn nur. Und damit sind Sie blind für den wesentlichen Teil einer Botschaft, nämlich für den, der durch Mimik, Gestik, Körperhaltung ausgedrückt wird. Da hilft es auch nicht, dass man sich gut zu kennen glaubt.

Jede Nachricht hat ihre Form. „Fernliebende haben mehr klar kommunizierte Grundregeln in ihren Beziehungen und nutzen mehr ‚Kommunikationskanäle', also Medien, um sich auszutauschen, als klassische Paare. Das ist vorteilhaft, da jedes Medium Eigenarten hat, die sich für bestimmte Kommunikationszwecke besonders gut eignen. So ist ein Brief ein Medium, das meist ausschließlich positiven und weniger alltagsgebundenen Inhalt hat als etwa ein Telefonat. Briefe werden in Fernbeziehungen auch tatsächlich noch häufig geschrieben, in Nahbeziehungen sind sie dagegen beinahe ausgestorben", so die Erkenntnis der Psychologin Fanny Jimenez, die sie aus ihrer Befragung von Fernliebenden gewonnen hat.

„Ihre ständigen Kontrollen machten alles kaputt. Ich tingelte als Trucker durch Europa, war also ab und zu mal drei Wochen am Stück weg und kam dann auch am Wochenende nicht nach Hause. Ging halt nicht anders. Irgendwann ist mir der Kragen geplatzt, ich hab sie am Handy weggedrückt und ihr auch die Motelnummer nicht gegeben. Ich hatte einfach keine Lust mehr, jeden Abend um 21.00 Uhr brav zur Verfügung zu stehen. Sie hat ohnehin nur kurz Hallo gesagt, ein, zwei Sätzchen nachgeschoben und dann zufrieden aufgelegt. Das hat mich wütend gemacht: Was glaubt die denn, wer ich bin und was ich da mache? Dass ich abends nach der Arbeit noch die Zeit und die Energie habe, Frauen aufzureißen? Es war unmöglich, ihr das zu erklären. War ich dann zu Hause, kam von ihr nur Misstrauen, später folgten handfeste Vorwürfe und Kräche. Klar, dass irgendwann auch das Vertrauen weg war. Der Rest? Formsache. Ich glaube, ich lasse das Thema feste Beziehung erst mal ruhen, bis ich wieder einen Job habe, bei dem ich zu Hause bleiben kann."

Fragt man Fernliebende nach absoluten No-Gos, steht das, was der 44-jährige Martin aus Bremen mit seiner Exfrau erlebte, ganz oben auf der Liste der Dinge, die man unter gar keinen Umständen tun sollte, wenn einem die Beziehung und der Partner etwas bedeuten. Denn Misstrauen oder Hinterherspionieren ist nicht nur in Nahbeziehungen der absolute Beziehungskiller.

Auch wenn Martins Frau glaubte, seine ständige Abwesenheit gäbe ihr das Recht, Kontrollanrufe zu tätigen, das Ergebnis war das Gegenteil von dem, was sie wollte: Beide sprachen nicht mehr miteinander, die Kommunikation bröckelte langsam aber sicher weg. Martins Frau zeigte kein Interesse an dem, was ihr Mann erlebte oder fühlte. Martin bemerkte das sehr genau und unterband schließlich jedes Telefonat.

Womit wir bei einem anderen No-Go wären: dem Rückzug in den Schmollwinkel zum Beispiel nach einem Streit. Nichts ist schlimmer für einen Partner, als wenn der andere dann nicht mehr anruft, obwohl es vereinbart war.

Jemanden im Nichts hängen zu lassen, ist verletzend und eine Höchststrafe. Auch wenn es schwerfallen mag, besser ist es, am Telefon Klartext zu reden und zur Not den Krach fortzuführen.

Manchmal reicht es aber auch zu sagen, dass man keine Lust zum Reden hat und das Gespräch auf einen anderen Termin verschieben möchte. Damit zeigen Sie nicht nur, dass Sie Ihrem Partner vertrauen, sondern Sie beweisen auch, dass auf Sie Verlass ist. Und in den Schmollwinkel kann man sich immer noch zurückziehen.

> ### ||| Der kleine Profi-Fernsprecher
> Wie gut, dass es Flatrates, Billigvorwahlen, Webcams und die Post gibt. Für die meisten Fernliebenden sind sie in der überwiegenden Zeit das Band, das die Liebe zusammenhält. Aber es gibt einiges zu beachten: Natürlich telefonieren Sie oft und lange. Es sei denn, Sie haben andere Absprachen. Mancher mag (und kann) auch tagsüber von seinem Arbeitsplatz aus private Gespräche führen; der andere wartet lieber bis zum Abend, bis sich der Trubel des Tages gelegt hat und genug Zeit verstrichen ist, um die Ereignisse sacken zu lassen. Zwar genügt es, den Hörer abzunehmen und eine Rufnummer einzugeben oder die Kurzwahltaste zu betätigen, aber Telefonieren ist nicht immer einfach.

Der eine spricht ununterbrochen, der andere ist eher maulfaul und neigt zu einsilbigen Antworten. Das kann zu Missverständnissen führen. Seien Sie sich Ihrer Eigenarten und derer Ihres Gesprächspartners bewusst und legen Sie nicht jedes Wort auf die Goldwaage. Fragen Sie zur Not nach.

Vergessen Sie nicht, dass ein wesentlicher Teil menschlicher Kommunikation beim Telefonieren nicht übertragen wird: nämlich Mimik, Gestik und Körperhaltung.

Seien Sie deshalb so deutlich wie möglich, legen Sie alles, was Sie sagen wollen, in die Worte. Ironie und zweideutige Redeweisen sind nur für das Gespräch von Angesicht zu Angesicht geeignet. Denn: Auch wenn Sie sich nahe fühlen, einzig die digitale Technik sorgt für Echtzeit und das Gefühl der Unmittelbarkeit. Die Distanz bleibt.

Akzeptieren Sie die Tatsache, dass es auch Pausen gibt. Es gibt sogar Paare, die sich lange anschweigen können und dabei glücklich sind. Manchmal reicht eben schon der Atemzug des anderen, um sich nicht allein zu fühlen. Besonders Fortgeschrittene lassen den Hörer stundenlang liegen und unterhalten sich über die Freisprechanlage oder schlafen mit dem Hörer neben sich auf dem Kissen ein.

Nehmen Sie auch hin, dass jemand mal nicht angerufen werden möchte. Ein Tag Pause bedeutet nicht das Ende der Liebe.

Überraschungsanrufe können ein spontaner Liebesbeweis sein, aber auch das völlige Gegenteil bewirken. Seien Sie nicht enttäuscht, wenn Ihr Gegenüber nicht so reagiert, wie Sie es sich erhofft haben. Vielleicht muss er sich erst daran gewöhnen.

Beenden Sie auch kontrovers geführte Gespräch bitte immer im Guten.

Vieles davon gilt auch für E-Mails und das Chatten: Ironie, Botschaften und humoristische Reimereien, deren Inhalte sich nicht direkt erschließen, sind in elektronischen Briefen unerwünscht. Seien Sie in Ihren E-Mails so ehrlich und klar wie möglich. Wenn Sie den Sinn einer Bemerkung nicht verstehen, fragen Sie sofort nach.

Die Alternative: Schreiben Sie doch einmal einen Brief. Papier ist nicht nur geduldig, sondern auch sehr diskret. Ein Brief eignet sich weniger, über alltägliche Dinge zu berichten, er verlangt nach dem Außergewöhnlichen, Besonderen, Persönlichen.

Werden Sie kreativ!

„Wir haben echt komische Rituale entwickelt. Begonnen haben wir mit Zettelchen, die beim anderen versteckt wurden, zum Teil so gut, dass einige von mir immer noch unentdeckt irgendwo liegen! Später verschwanden kleine Dinge, ein getragenes T-Shirt oder eine kleine Nippesfigur. Die habe ich dann bei ihr wieder gefunden. Klar, dass ich auch zugegriffen habe. Inzwischen ist es normal, dass wir etwas mitgehen lassen. Und es ist ganz toll, wenn wir uns beim Aufspüren des Diebesguts erzählen, warum einem gerade dieser Gegenstand in dem Moment so wichtig war. Dann sprechen wir über uns und fühlen uns ganz nah."

Verliebte Langfinger: Hans-Joachim aus Hamburg und Sibylle aus Hannover haben eine geradezu poetische Version für das gemeinsame Ritual gefunden. Man könnte überlegen darüber schmunzeln, dass selbst eine billig gemachte Ü-Ei-Figur in die große Schatzkiste einer Liebe wandert. Aber der kleine Liebesdiebstahl ist doch eine originelle Idee. Und es gibt noch viele andere.

Oder denken Sie an die Paare, die virtuos mit Computer und Internet umgehen können. Sie chatten nächtelang, treffen sich in virtuellen Separees. Manche Fernliebe fing in einem solchen Forum an. Die elektronische Form des Liebesbriefs ist die E-Mail.

„Ich kann mir einfach nicht mehr vorstellen, wie ich es früher ausgehalten habe, tagelang auf einen Brief zu warten", erzählt die 52-jährige Karin aus Hude, deren erste von inzwischen drei Fernbeziehungen in den frühen Achtzigern begann. „Und bis die Antwort ihn erreichte, vergingen noch einmal zwei bis drei Tage." Heute ist sie Tag und Nacht online und unterbricht umgehend ihre Arbeit, sobald der kleine Briefumschlag auf dem Bildschirm erscheint. Ihren jetzigen Freund Jesper traf sie übrigens im Internet. Mehrmals täglich überwinden die beiden die Distanz zwischen Norddeutschland und den südlichen Niederlanden mit elektronischen Liebesbotschaften.

Die transportable Version der E-Mail ist die SMS; schließlich hat wohl jeder das Mobiltelefon immer dabei. Die große Mehrheit der Fernliebenden benutzt die kleinen Displays zu kurzen Messages, die das Allerwichtigste immer nebenbei übermitteln: Ich denke an dich!

Wer es noch kürzer haben möchte, kann eine Idee aufgreifen, die vor ein paar Jahren unter den Telefonino-Besitzern in Italien aufkam und sich immer weiter ausbreitete: der Squillo. Dazu braucht es nur ein Mobiltelefon und eine vorherige Absprache. War das einmalige Klingeln ursprünglich dazu da, kostenlos eine Antwort auf eine SMS zu übermitteln (auf die Frage „kommst du?" bedeutete einmal klingeln lassen „ja!"), mutierte der Squillo bald zum romantischen Erinnerungston unter Verliebten, und das nicht nur unter denen, deren Gesprächsguthaben zur Neige ging. „Ich kann nicht einschlafen, bevor ich nicht seinen Signalton gehört habe", erzählt Katrin, die von ganz allein auf diese Idee gekommen ist.

Oder wie wäre es mit einem elektronischen Poesiealbum? Viele Paare bleiben miteinander in Kontakt, indem sie Fotos aus ihrem Alltag austauschen und als Anhang mit den E-Mails verschicken. Bei modernen Digitalkameras ist es kein Problem, das, was man gesehen oder erlebt hat, für den anderen zu dokumentieren und ihn oder sie später daran teilhaben zu lassen. Ob die Tasse Kaffee auf dem Tisch im gemeinsamen Lieblingscafé oder der Blick aus dem Fenster an einem besonderen Morgen – mit Bildern kann man auch große Distanzen mühelos überbrücken.

Viele kennen noch die selbst bespielten Musikkassetten, die berühmten Mixtapes mit Lieblingsliedern, die bis in die späten Achtziger unter Freunden und Verliebten ausgetauscht wurden. Eine Fernbeziehung ist eine gute Gelegenheit, diese alte Tradition neu zu beleben, ob nun mit einer klapprigen C90-Kassette oder einem digitalen Dateiformat wie mp3 oder wav.

„Als er mir eine Kassette schickte, war ich völlig hinüber", schwärmt Marie aus Lübeck. „Er hat sich unglaublich viel Mühe gegeben und das ganze Band voll gesprochen. So kann ich seine Stimme immer bei mir haben."

Andere Paare bereichern ihre Romantik-Tapes durch gemeinsame Lieblingslieder oder sogar ganz profane Alltagsgeräusche. „Als ich das Türschließsignal der Berliner S-Bahn hörte, musste ich schon schlucken", erinnert sich Boris, der von seiner Frau während eines China-Aufenthalts regelmäßig mit selbst hergestellten CDs aus der Heimat versorgt wurde, die aber nicht unbedingt gegen das Heimweh halfen.

Ganz gewiefte Paare richten sich eigene Websites ein, in denen sie Tagebuch führen und in die sie Fotos, Töne oder Filme einstellen und sich Nachrichten auf einer Art Schwarzem Brett hinterlassen. Im Lauf der Zeit entsteht so ein individuelles Buch mit gemeinsamen Erinnerungen, das jeder der Fernliebenden jederzeit und überall aufschlagen kann. Was man allerdings keinesfalls vergessen darf: Wer sich eine solche gemeinsame Website einrichtet, sollte unbedingt darauf achten, dass der Zugang über das Internet mit einem Passwort geschützt ist, das nur die beiden Benutzer kennen. Schließlich soll ja nicht die halbe Welt mitlesen!

Der Reigen an Ideen könnte endlos fortgesetzt werden: Blumen, persönliche Überraschungpäckchen und natürlich der klassische Papierbrief signalisieren den Fernliebenden, dass man aneinander denkt. So verwahrt Karin aus Hude, die eine langjährige Erfahrung mit Fernlieben hat, bis heute alle Briefe, auch die ihrer Exfreunde, sorgsam in einer Schachtel. „Vielleicht bin ich ein bisschen sentimental, aber so ein Brief ist schon etwas ganz Besonderes."

Nicht verschwiegen werden soll der Tipp, der in einer großen Frauenzeitschrift zu finden war: Überweisen Sie dem Partner doch mal einen Euro und schreiben in die Rubrik Verwendungszweck „Ich liebe dich" oder etwas Ähnliches.

Mehr Überraschung geht nicht!

Nutzen Sie den Tag!

Für den überwiegenden Teil der Fernliebenden geht die Woche so: Montag, Dienstag, Mittwoch, Donnerstag und Freitag wird gearbeitet. Meetings, Briefings, Konferenzen, Projekte, Kundenbesuche, den fälligen Schreibkram abwickeln. Auch wenn am Morgen der erste Gedanke und am Abend der letzte dem fernen Partner gilt, für Überstunden und besonderes Engagement bleibt unter der Woche viel Zeit.

Viele der Distanzliebenden sehen eben das als Vorteil: Die Zeit unter der Woche können sie einsetzen, um sich ganz auf die Arbeit zu konzentrieren, sich selbst zu verwirklichen und die Karriereleiter emporzusteigen. Für Überstunden bleibt viel Raum, denn zu Hause wartet niemand.

„Es hat sich sehr gelohnt, dass wir uns auf die Pendelei eingelassen haben", gesteht der 38-jährige Klaus. „In dieser Zeit habe ich eine Menge erreicht, und das ist uns beiden dann zugutegekommen." Drei Jahre pendelte er zwischen Offenbach und Münster. Mit allem, was dazu gehört: Stress, Krisen, unerfüllte Sehnsucht. Das Privatleben kam immer zu kurz, oft hat er die ganze Woche über nur auf das gemeinsame Wochenende hin gearbeitet. Bis er seine Lebensgefährtin Martina endlich nachholen konnte. „Das finanzielle Polster war ganz nützlich. So konnte ich zu ihm ziehen, bevor ich selbst einen neuen Job in Offenbach gefunden hatte", erzählt Martina. „Wenigstens dafür hat sich der ganze Aufwand gelohnt."

Ganz klar: Die Trennung auf Zeit wird von vielen zähneknirschend in Kauf genommen, weil es oft keine Alternative gibt zum Job in der Ferne. Oder auch weil man dem Partner beim beruflichen Fortkommen nicht im Weg stehen möchte.

„Ich habe gelernt, mich mit Handwerkern herumzuärgern", berichtet Heide, die nach 25 Jahren als lupenreine Ehe- und Hausfrau plötzlich einen pendelnden Ehemann hatte. Nie zuvor hatte sie sich um solchen „Männerkram" kümmern müssen. Nun stand sie wochenlang allein da und musste sich beweisen. Und siehe da: Es klappte. Dabei blieb es nicht. „Ich habe inzwischen eine Arbeit, wenn auch nur in Teilzeit", berichtet sie. Eine Entscheidung, die auch die Beziehung zu ihrem Mann Dieter verändert hat.

Er ist stolz auf seine Frau, die alles organisiert. Jeden Tag tankt sie ein wenig mehr Selbstbewusstsein. „Das ist mir schon fast unheimlich."

Diese Fernliebenden haben aus einer ungewollten Trennung das Beste gemacht. Andere Paare leben freiwillig getrennt, eben weil sie in der Liebe auf Distanz ihre Unabhängigkeit nicht verlieren, sondern sich selbst verwirklichen können. Wenn es stimmt, dass der Alltag der Liebeskiller Nummer eins ist, dann tun sie alles daür, dass ihre Liebe lebendig bleibt. Wer eigene Interessen pflegt, sorgt dafür, dass der Gesprächsstoff nie ausgeht. Und glücklich ist, wer einen Freundeskreis hat, der einen unter der Woche auffängt und unterstützt.

Nähe ohne Alltag

Für alle Fernliebenden kommt der Tag, an dem sie sich nach längerer oder auch kürzerer Trennung in die Arme schließen können. Das ist der Auftakt zu einer wunderbaren Zeit. Doch die gemeinsame Zeit ist immer zu kurz. Und manchmal knirscht es dann auch ein wenig.

Zeitnot, Geldnot, Stress: Das sind die am häufigsten vorgetragenen Klagen von Distanzliebenden. Natürlich sollten sie sich so oft wie möglich sehen. Für Psychologen gelten Paare, die sich seltener als alle drei Wochen treffen, schon als instabil. Aber jedes Wochenende oder auch in anderen Abständen die Tasche zu packen, rechtzeitig die Arbeit Arbeit sein zu lassen und sich auf den Weg zum entfernten Partner zu machen – das zerrt an so manchem Geduldsfaden, auch wenn der durch längere Fernbeziehung doppelt und dreifach gewickelt sein mag. Und wenn sich dann auch noch der Zug verspätet, das Abteil überfüllt und das ICE-Reservierungssytem ausgefallen, der Nebenmann im Flugzeug unangenehm aufdringlich und das Gepäck sperrig ist, steht mancher Pendler schon bei der Anreise kurz vor dem Nervenzusammenbruch.

Vorfreude

„Auch wenn ich freitags bereits am frühen Mittag aus dem Büro rauskomme, was übrigens nur möglich ist, weil ich unter der Woche abends oft bis 22 Uhr arbeite, stehe ich trotzdem erst gegen 20 Uhr bei meiner Freundin auf der Matte und bin dann, ehrlich gesagt, völlig fertig", erzählt William, der seit einem Jahr an fast jedem Wochenende zwischen Berlin und London pendelt. „Der Samstag ist praktisch gelaufen: ausschlafen bis mittags und erst mal richtig ankommen. Dann ist auch schon Sonntag, und am frühen Abend geht es wieder zurück – wenn der Flug keine Verspätung hat."

Die Logistik ist für Fern- und Wochenendpendler selten locker zu bewältigen. Billigangebote im Blick haben, die zumeist nur weit im Voraus zu bekommen sind, Termine abklären und immer darauf hoffen, dass sich nicht kurzfristig noch irgendein Hindernis auftut, ist für viele Paare der Alltag. Manche haben das Glück und können Flug- und Bahnpläne außen vor lassen, weil sie mit dem eigenen Auto reisen. Aber auch lange Fahrten, plötzliche Schlechtwettereinbrüche und kilometerlange Staus heben die Stimmung nicht unbedingt.

Erwarten Sie also nicht, dass alles Friede, Freude, Eierkuchen ist, wenn Sie sich endlich in die Arme schließen. Je weiter die zurückgelegte Entfernung, desto länger dauert es erfahrungsgemäß, bis ein Reisender wirklich angekommen ist.

Nehmen Sie den Partner unbedingt am Bahnhof oder Flughafen in Empfang, je nach Temperament vielleicht mit der Champagnerflasche in der Hand. Es gibt kaum etwas Schöneres, als nach einer langen Anreise sofort in die Arme genommen zu werden. Das ist das Zeichen, dass man angekommen ist.

Sind Sie der Besuchte, übernehmen Sie das Zepter, verwöhnen Sie den Partner, füllen Sie den Kühlschrank. Stellen Sie ein unverbindliches Programm zusammen. Denken Sie immer auch an Alternativen. Das Wichtigste aber: Planen Sie für Ihr Wiedersehen grundsätzlich ein, dass Sie und Ihr Partner ausreichend Zeit in der Hinterhand behalten, um den Alltag abfallen lassen und sich aufeinander einstellen zu können.

||| Der kleine Profi-Pendler

Werden Sie Profi in Sachen Billigreisen. Achten Sie auf Sonderangebote, Last-Minute-Schnäppchen, das Miles&More-Konto.

Planen Sie, wenn irgend möglich, ausreichend Zeit für die Anfahrt ein. Seien Sie lieber eine halbe Stunde zu früh als zu spät am Abfahrtsort. Die Wartezeit bringen Sie auch noch rum. Auch wenn es trivial klingt: Reisen Sie mit kleinem Gepäck. Schleppen Sie bloß keine überflüssigen Lasten ins Wochenende. Im Idealfall haben Sie das kleine Schwarze oder das gute Jackett ohnehin schon beim Partner deponiert ebenso wie Toilettenartikel, Lieblingsbücher und die praktische Regenjacke. Sie machen schließlich keine Expedition zum Polarkreis. Zur Not können Sie sich Fehlendes schnell noch irgendwo besorgen.

Reisen Sie mit Bus, Bahn oder Flugzeug, beschäftigen Sie sich sinnvoll während der Reise. Nichts und niemand verlangt von Ihnen Aufmerksamkeit. Also können Sie es sich auch gleich gemütlich machen und abschalten. Haben Sie noch Arbeit zu erledigen, spricht nichts dagegen, diese während der Fahrt abzuschließen. Aber machen Sie sich das möglichst nicht zur Gewohnheit.

Viele Pendler schwören auf Mitfahrgelegenheiten, um die Fahrt abwechslungsreich zu gestalten und preiswert zu halten. Manche wechseln immer wieder die Fahrgruppen, um neue Menschen kennenzulernen. Andere bilden kleine Schicksalsgemeinschaften, die sich immer wieder gemeinsam auf die Reise machen.

Die regelmäßigen Fahrten gehen ins Geld. Vielleicht ist einer von Ihnen finanziell weniger gut gestellt. Viele Paare richten eine gemeinsame Reisekasse ein, aus denen die Fahrten finanziert werden.

Der große Moment

„Als wir uns das letzte Mal eine Woche lang gesehen haben, haben wir uns miteinander gelangweilt. Komisch, nicht? Wir haben später am Telefon darüber gesprochen und waren uns nicht einig. Er meinte, das käme daher, dass wir nicht immer gemeinsam gut drauf sein könnten. Ziemlich anstrengend, auf Knopfdruck locker und unternehmungslustig zu sein. Ich sah das anders: Mir kam es so vor, als würde die Sehnsucht nach ihm nicht erfüllt werden. Die Woche war halt nicht so toll. Na, wir haben aber ganz ruhig und freundlich darüber geredet. Ist noch nicht alles verloren, aber verunsichert hat es mich schon."

Was die 26-jährige Nina berichtet, erleben viele Fernliebende früher oder später das erste Mal. Der Tag X ist da, beide haben sich eine Woche oder noch länger nichts sehnlicher gewünscht, als sich endlich in die Arme nehmen zu können. Aber dann kommt alles ganz anders. Man wird jäh auf den Boden der Tatsachen geschubst. Das erste Zeichen von Entfremdung?

Oder ein Zeichen der Entspannung. Nahliebende kennen das allzu gut: Der Partner kommt erschöpft nach Hause und verzieht sich auf die Couch. Er will in Ruhe gelassen werden, was in einer klassischen Partnerschaft problemlos zu machen ist. Morgen ist ja auch noch ein Tag. Und übermorgen sowieso.

Fernliebende, die voll Sehnsucht dem großen Tag entgegenfiebern, haben ungleich größere Erwartungen an die gemeinsame Zeit. Die ist viel zu kurz und soll ausgiebig genutzt werden. Da ist die Enttäuschung, wenn einer mal ein wenig durchhängt, umso herber. Es kommen Zweifel auf: Habe ich etwas falsch gemacht? Sind die Gefühle nicht mehr da? Warum bin ich so schlecht gelaunt, obwohl ich doch eigentlich auf Wolke Sieben durch das Wochenende schweben müsste?

Doch warum sollte das, was für Nahbeziehungen gilt, nicht auch für Liebes-Hopper gelten? Es handelt sich in einem solchen Moment weder um erste Symptome von Abnutzungserscheinungen noch um tiefer gehende Zweifel, sondern um zwei Menschen, die leider gerade mal nicht synchron laufen. Das kommt vor. Und muss nichts bedeuten.

Das gilt umso mehr beim heiklen Thema Sex und Zärtlichkeit. Die ganze Zeit hat man sich nach der Berührung durch den anderen gesehnt. Kaum etwas verbindet zwei Menschen so eng wie guter Sex, und diese werden einander über jede Distanz immer wieder finden. Aber wie ist es dann möglich, dass die Fantasie mit der Realität plötzlich nicht mehr Schritt halten kann? Andere Fernliebende berichten darüber, dass Sex sogar zum Programmpunkt verkommt. Man trifft sich und vollzieht mehr oder minder lustlos den Akt, weil der nun mal dazugehört.

Doch weder Lust noch gute Laune sind nach Belieben abrufbar. Im Gegenteil, große Erwartungen hindern viele Fernliebende daran, sich aufeinander einzulassen. Die gemeinsame Zeit ist viel zu kurz, da kann man gar nicht alle Wünsche erfüllen. Und Liebe, Zärtlichkeit und Nähe gibt es nun mal leider nicht auf Vorrat.

Es gilt: Glück, Geborgenheit und Nähe sind eine Frage von Qualität, nicht von Quantität. Wer die gemeinsame Zeit mit großen Erwartungen überfrachtet und versucht, so viel wie möglich hineinzupressen, tut sich, der Liebe und dem Partner keinen Gefallen.

Und wer bringt den Müll hinunter?

Er erwartet Spaß, Party und Harmonie. Sie will Auseinandersetzung, Trost und Aussprache. Was nun? Eigentlich müsste man sich zusammensetzen, um sich über die unterschiedlichen Vorstellungen auszutauschen. Ist die Liebe an sich schon ein unerschöpflicher Quell für Missverständnisse, um wieviel mehr gilt das für Fernbeziehungen!

In einer Fernliebe ist es kaum möglich, eine Unklarheit mal eben am Tisch miteinander auszufechten. Man kann eine Auseinandersetzung nicht einfach auf den nächsten Tag oder Abend verschieben. Und die Möglichkeit, dass ein schwelender Krach sich bei einem ausgedehnten Spaziergang durch die Natur in Luft auflöst, rückt in weite Ferne.

Am Telefon zu streiten ist schwer genug. Bleiben also nur die Treffen, bei denen man sich gegenübersteht. Doch wer will schon die gemeinsame kostbare Zeit mit Diskussionen vergeuden? „Lieber schluckt man den Ärger runter und setzt ein Lächeln auf, um das Wochenende nicht endgültig zu versauen", erzählt Kerstin, 36, aus Berlin. „Das hat dann auch zum endgültigen Bruch geführt. Ich war genervt, er war genervt. Die Hin- und Herfahrerei wurde mir plötzlich zu viel. Ich hatte einfach keine Lust mehr, die Pendelei auf mich zu nehmen, nur um dann mit einem Muffkopf herumzusitzen und den Sonntagabend herbeizusehnen, weil ich dann endlich in den Zug steigen konnte."

Dass gemeinsame Wochenenden auch mal weniger prickelnd sein können, ist völlig normal. Paare, die schon lange pendeln, entwickeln eine gewisse Routine darin. Auf keinen Fall sollte man denken, „das war es jetzt", und sich schweigend voneinander verabschieden. Das ist vielleicht erst einmal einfacher, führt aber nur dazu, dass man sich von der Beziehung distanziert. Und wäre ein erster Schritt in Richtung Scheitern.

Auch wenn es Überwindung kostet: Besser ist es immer, seinem Ärger Luft zu machen. Hier können ein paar Regeln helfen, um eine neue Basis zu schaffen:

- Sprechen Sie an einem angenehmen, aber möglichst neutralen Ort, also besser am Frühstückstisch oder in einem gemütlichen Café als im gemeinsamen Bett.
- Seien Sie dabei unbedingt nüchtern. Sparen Sie die Flasche Wein für einen geeigneten Zeitpunkt auf.
- Sprechen Sie Ihre Gedanken und Gefühle aus, und zwar ausschließlich in der Ich-Form wie in „ich finde es schade, dass …".
- Vermeiden Sie Vorwürfe oder Verallgemeinerungen wie „du immer mit …". Das treibt Ihr Gegenüber nur in die Defensive.
- Verzichten Sie auf Ironie, spitze Bemerkungen oder gar Beleidigungen. Damit könnte das Gespräch nicht nur inhaltlich schnell beendet sein.
- Bleiben Sie, wenn möglich, immer höflich und ruhig.
- Hören Sie zu. Schlucken Sie zweimal und fragen nach, wenn Sie sich angegriffen fühlen. Wie ist das gemeint? Wie lautet die Botschaft?
- Bitten Sie um Alternativen. Fragen Sie Ihr Gegenüber, was er/sie gern hätte. Vielleicht liegen Sie gar nicht so weit auseinander.
- Ganz wichtig: Manche Konflikte und Streitpunkte brauchen Zeit. Erwarten Sie nicht, dass nach einem einzigen Gespräch alles wieder in Butter ist.

- Verabschieden Sie sich möglichst liebevoll. Das bleibt in Erinnerung.
- Auch wenn Sie sich nicht einigen konnten, denken Sie daran: Ein klärendes Gespräch ist immer ein Schritt in die richtige Richtung.
- Und bleiben Sie an den Streitpunkten dran. Gerade die berühmt-berüchtigten Grundsatzdiskussionen haben die unangenehme Eigenheit, viel Zeit in Anspruch zu nehmen.

||| TIPP
Steuervorteile nicht vergessen!
- Um das Thema Pendlerpauschale gibt es aktuell einige Diskussionen.
- Wie auch immer kommende Regelungen aussehen werden, Arbeitnehmer können bis auf Weiteres aktuell sowie rückwirkend zum 1.1.2007 ab dem ersten Kilometer eine Pauschale von 30 Cent pro Kilometer für die Fahrten zwischen Heim und Arbeitsstätte geltend machen.
- Pendler, die aus rein beruflichen Gründen zwei Haushalte unterhalten müssen, können neben der Miete alle Umzugskosten, die Anschaffung notwendiger Möbel, einen Teil der Telefonrechnung sowie drei Monate Verpflegungspauschale geltend machen.
- Außerdem erkennt das Finanzamt eine Heimfahrt pro Woche mit dem eigenen Pkw oder dem Zug an.
  Bei einem Flug gilt der Ticketpreis.

- Das alles gilt übrigens auch für Nichtverheiratete!
- Genaueres aber weiß jeder Steuerberater oder der Bund der Steuerzahler Deutschland e.V. (www.steuerzahler.de, 030 2593960)

Kleine Abschiede, große Rituale

„Jedes Mal, wenn ich vom Flughafen zurück nach Hause komme, landet die Bettwäsche, in der wir gemeinsam genächtigt haben, sofort im Abfalleimer. Ich mag sie nicht waschen und damit ungeschehen machen, dass wir in ihr zuletzt gemeinsam die Nacht verbracht haben. Ich bin da fast ein bisschen abergläubisch, aber das bleibt so, bis wir endlich die 6 400 Kilometer zwischen uns überbrückt und uns auf ein Land geeinigt haben, wo wir zusammenleben. Bis dahin gibt es halt immer wieder neue Bettbezüge."

Die 35-jährige Selma aus Berlin hat einen ganz besonderen Weg gefunden, den Abschied ihres amerikanischen Freundes Graham zu inszenieren. Seit vier Jahren sehen sich die beiden etwa alle sechs Wochen, wobei Graham, der in New York City lebt, das Gros der Reisetätigkeit auf sich nimmt.

So ist das in der Fernbeziehung: Jedes Treffen endet unweigerlich mit einem Abschied, wenn auch eben vorerst. Und wie Selma haben viele Paare ihre eigenen magischen Momente, die sie teilen, um sich den Abschiedsschmerz zu erleichtern.

Das kann ein gemütliches Frühstück im Bett sein oder der Brunch im Lieblingscafé. Andere baden ausführlich zusammen. Viele packen gemeinsam die Tasche, gehen noch einmal durch ihr Liebesnest, räumen alle Hinterlassenschaften auf oder waschen das benutzte Geschirr ab. Andere machen einen ausführlichen Spaziergang und genießen dabei noch einmal die Nähe des Partners.

Auf jeden Fall sollte eine eiserne Regel in jeder Fernbeziehung gelten: Trennen Sie sich nie, ohne den Termin für das nächste Wiedersehen bereits im Kalender notiert zu haben. Vielleicht haben Sie auch schon das Ticket gekauft. Die Gewissheit, dass und wann man sich wiedersieht, ist eine wunderbare Aussicht, die den bevorstehenden Abschied vergessen lässt. Fast jedenfalls.

Wider den Montags-Blues

„In jeder großen Trennung liegt ein Keim von Wahnsinn; man muss sich hüten, ihn nachdenklich auszubrüten und zu pflegen." Das wusste schon Johann Wolfgang von Goethe. Jeder Abschied Fernliebender ist eine Trennung, wenn auch im Kleinen – weiß der US-Psychologe Gregory T. Guldner.

Wider den Montags-Blues

So unterschiedlich die Menschen auch sein mögen, kaum einer ist vor dem Gefühlschaos gefeit, das ihn oder sie erwartet, wenn der geliebte Partner sich verabschiedet. Dabei ist es unwichtig, wie lange die Trennung tatsächlich dauern wird. In diesem Punkt wird kaum ein Paar jemals Gefühlsroutine erlangen, egal, ob der Partner sich für die kommende Woche oder die nächsten drei Monate verabschiedet.

Vielleicht finden Sie es tröstlich, wenn Sie erfahren, dass eine vorübergehende Trennung die gleichen Gefühle auslösen kann wie eine solche, bei der man einen geliebten Menschen ganz verliert. Nach Gregory T. Guldner sind es in solchen Momenten die klassischen Trennungsstufen nach dem Ende einer Beziehung, die bei manchen ausgiebig, bei anderen in rascher Folge oder sogar gleichzeitig durchgespielt werden.

Die erste Phase ist die des Protestes. Vielleicht erklärt das die schlechte Stimmung, die manche Paare schon vor dem tatsächlichen Abschied überfällt. Bevor Sie hitzige Diskussionen führen, ob das immer so weitergehen soll und wie sehr Sie die ganze Situation hassen, machen Sie sich klar, dass Wut und Enttäuschung völlig normal sind, wenn man einen Menschen verabschieden muss, an dem einem etwas liegt.

Wir haben bereits darüber gesprochen: Viele Paare entwickeln kleine Rituale, den Abschied einzuläuten und diesem

Gefühl den Stachel zu nehmen. Sie packen zum Beispiel zusammen die Tasche, gehen noch einmal gemeinsam durch die Wohnung, nehmen sich Zeit und machen einen Spaziergang oder kochen zusammen, bevor es zum Flughafen oder Bahnhof geht.

Der Partner ist fort. Die zweite Stufe ist Niedergeschlagenheit. Man fühlt sich unwohl, hat keine Lust, ohne den anderen noch etwas zu unternehmen, möchte am liebsten gleich ins Bett gehen und die nächsten Tage durchschlafen. Man findet es schwer, sich zu konzentrieren, und landet schlaff vor dem Fernseher. Wer von dieser Traurigkeit gepackt wird, braucht viel Disziplin, um diese milde Form der Depression zu bekämpfen. Sorgen Sie für Abwechslung und rufen Sie Freunde an. Machen Sie einen Plan, auch wenn Sie sich nicht vorstellen können, ohne den Partner noch Spaß haben zu dürfen. Solche Schuldgefühle sind ebenfalls normal.

Haben Sie diese dunkle Phase, die eine Weile dauern kann, überwunden, geht es auch schon wieder aufwärts: Nun beginnt die Phase der Ablösung. Klingt abscheulich, denn genau das wollen Sie ja nicht! Doch gemach. Im Idealfall passiert Folgendes: Sie tauchen langsam wieder in Ihr normales Leben ein. Den Gedanken an den Partner hegen Sie, Sie haben Sehnsucht, aber Sie haben Spaß am Alltag, treffen sich mit Freunden, pflegen Ihre Hobbys und verbringen eine anregende Zeit bis zum nächsten Treffen. Gleichzeitig freuen Sie sich auf jedes Telefongespräch und schmieden Pläne für die kommende gemeinsame Zeit. Dank des täglichen Telefonats, der E-Mail am Morgen und der SMS zur Nacht wissen Sie: Der Partner ist auch in der Ferne noch da. Und bis zum nächsten Wiedersehen dauert es nicht mehr lang.

Liebe auf Reisen: Betroffene erzählen

Es gibt so viele Möglichkeiten der Fernliebe, wie es Paare gibt. Und jedes Distanz-Paar kann eine spannende Geschichte erzählen: von Liebe, Sehnsucht, Erfüllung, aber auch von Stress, Streit, Missverständnissen und Spannung. Von endlosen Telefonaten, von kleinen Enttäuschungen und großen Überraschungen.

Franziska: „Wir haben jeden Abend ein festes Rendezvous"

Franziska und Peter führen seit vier Jahren eine Fernbeziehung. Zuvor lebten sie zwei Jahre zusammen in Regensburg. Dann bekam Franziska einen Job als PR-Beraterin in Duisburg. Seitdem fährt sie fast jedes Wochenende nach Regensburg in die frühere gemeinsame Wohnung.

Wie finden Sie Ihre Fernbeziehung?

F.: Es geht so, denn es nervt, jeden Freitagabend in den Zug zu steigen und am Montagmorgen in aller Herrgottsfrühe wieder zurückzufahren. Besonders, wenn es mal wieder Verspätungen gibt.

Welche Vorteile sehen Sie?

F.: Ich habe meinen Traumjob gefunden. Das ist der größte Vorteil. Unter der Woche kann ich mich voll auf meine Arbeit konzentrieren. Ich bin viel unterwegs und habe auch mehrmals die Woche abends noch Termine. Da ist es natürlich gut, dass ich bei meinen nicht genau planbaren Arbeitszeiten keine Rücksicht auf einen Partner nehmen muss.

Wie halten Sie Kontakt unter der Woche?

F.: Wir telefonieren jeden Abend gegen 23.30 Uhr. Das ist ein fester Termin, um den sich alles dreht. Nur von zu Hause aus und nur über unsere Festnetznummer. Wenn ich mal nicht rechtzeitig daheim bin, melde ich das vorher an. Eine Weile haben wir uns zwischendurch auf dem Handy angerufen, aber das endete oft mit schlechter Laune: Entweder passte es gerade überhaupt nicht, oder es gab Zuhörer. Auch ansonsten halten wir den ganzen Tag über Funkstille – bis um halb zwölf. Dann liegen wir beide auf dem Sofa und konzentrieren uns aufeinander. Müssen wir uns kurzfristig etwas mitteilen, zum Beispiel Termine oder Verspätungen, schicken wir uns eine SMS. Aber das ist die absolute Ausnahme.

Welche Probleme gab oder gibt es? Wie kommt Ihr Partner mit der Distanz zurecht?

F.: Ich habe wirklich Glück, dass mein Partner ähnlich ehrgeizig ist wie ich und meine Entscheidung verstand, nach Duisburg zu gehen. Trotzdem war er gerade in der ersten Zeit eifersüchtig und fühlte sich aus meinem Leben oft ausgeschlossen. Natürlich grundlos, aber wir waren schon kurz vor einer handfesten Krise. Ich hatte ein schlechtes Gewissen, und seine Zweifel haben das nicht besser gemacht. Viele unserer gemeinsamen Freunde mischten sich dann auch noch ein und sagten, ich wäre nur mit mir selbst beschäftigt und würde auf meinen Partner keine Rücksicht nehmen. Inzwischen sind wir beide weiter und pendeln auch emotional immer hin und her: Wenn wir uns am Wochenende sehen, holen wir in kurzer Zeit viel nach – und das kann schon manchmal prickelnd sein. Das hätten wir nicht, wenn wir uns jeden Tag sehen würden. Zum Dauerzustand soll diese Pendelei aber nicht werden. Da sind wir uns einig.

Was vermissen Sie in Ihrer Fernbeziehung?

F.: Die Nähe des anderen. Einfach mal in den Arm genommen werden. Man kann den Partner nicht betütteln, wenn er krank ist. Spontaneität.

Welche Tipps hätten Sie für andere Fernliebende?

F.: Das ist schwierig. Jeder muss sich da selbst reinfinden. Damit es funktioniert, müssen beide mitspielen und unbedingt zusammenbleiben wollen. Ich glaube, mit einem Partner, der kein Verständnis aufbringt, hätte ich bald Schluss gemacht. Oder es mir zumindest überlegt.

Wenke & Hans-Jürgen: „Reden, reden, reden"

Wenke und Hans-Jürgen pendeln seit Beginn ihrer Liebe vor vier Jahren zwischen Bremen und Berlin. Lediglich am Wochenende, an freien Tagen und in der Urlaubszeit sehen sie sich über einen längeren Zeitraum. Beide berichten, dass sie mit ihrer Form der Partnerschaft zufrieden sind. Offensichtlich so sehr, dass sie vor einem knappen Jahr geheiratet haben. Über einen gemeinsamen Wohnort denken sie allerdings immer noch nicht nach.

War Ihre Beziehung von Beginn an eine Fernbeziehung?

W.: Wir sind uns – kein Witz – bei einer Hochzeit in Göttingen über den Weg gelaufen, tauschten Telefonnummern aus und trafen uns bald darauf regelmäßig.

H.-J.: Ich muss dazu sagen, dass Wenke nicht meine erste Fernliebe ist. Nahezu alle meine früheren Freundinnen lebten an anderen Orten. Im Nachhinein klingt das vielleicht berechnend, aber mir war schon klar, dass ich mich, wenn ich Wenke wiedersehen will, ein wenig anstrengen muss. Obwohl ich zuerst dachte, o nein, nicht schon wieder!

W.: Ich war ziemlich erstaunt, dass du so zielstrebig warst, regelmäßig angerufen und mich mit allem Möglichen gelöchert hast. Mir war noch nie ein Mann begegnet, mit dem ich vier Stunden telefonieren konnte.

H.-J.: Ehrlich? Das wusste ich gar nicht. Na, es hat ja geklappt.

Ist wirklich alles eitel Sonnenschein? Oder gibt es nicht doch mal ein paar Probleme?

W.: Für mich türmten sich zu Beginn alle Probleme auf, die man sich so vorstellen kann: Ich sah nur die Entfernung, mich störte das Hin- und Herfahren am Wochenende, montags war ich kaputt und schlecht gelaunt. Ich habe nicht geglaubt, dass es mit uns beiden überhaupt etwas wird. Mir kam alles wie eine permanente Ausnahmesituation vor, die mit einer echten Beziehung nichts, aber auch gar nichts zu tun hatte. Nichts stimmte.

H.-J.: Es war nicht zu übersehen und zu überhören, wie unglücklich Wenke war. Für mich war das alles bekanntes Gelände.

W.: Ja, ich musste total umdenken. Für mich war Liebe Nähe und Zusammensein, täglich natürlich, alles zusammen machen, morgens miteinander aufwachen und abends zusammen einschlafen. Und eben nicht nur telefonieren, vielleicht mal Briefe schreiben und schon wieder eine Zugfahrkarte kaufen. Ich brauchte fast zwei Jahre, bis ich ohne mulmiges Gefühl im Bauch glücklich sein konnte. Mir fehlt aber immer noch der gemeinsame Alltag. Unsere Hochzeit hat wirklich vieles besser gemacht, aber eben nicht alles.

Wie gehen Sie mit diesen Problemen um?

W.: Immer darüber reden. Ich musste lernen, mich zu überwinden, auch mal am Telefon zu jammern oder einen Krach anzuzetteln. Was ich ganz schön riskant fand, denn Hans-Jürgen hätte ja auflegen können. Und das wär's dann gewesen.

H.-J.: Ja, reden, reden, reden. Auch wenn es ganz schön aufreibend ist, jemanden am anderen Ende der Leitung zu haben, der einen anfaucht, während man selbst nach einem erfolgreichen Tag nur mal schnell Hallo sagen und ein paar Liebeserklärungen loswerden wollte. Zum Glück haben wir das bisher gut bewältigt.

Ehe auf Distanz – wie kam es dazu?

W.: Ich wurde krank und erhielt zuerst eine niederschmetternde Diagnose. In der Arztpraxis dachte ich immer nur, warum ist er nicht da? Dann lag ich monatelang immer wieder in der Charité und musste eine anstrengende Behandlung über mich ergehen lassen. Mann, war ich wütend auf uns und darauf, dass er nicht da war, wenn man ihn brauchte.

H.-J.: Als Wenke mich anrief, fiel ich aus allen Wolken. Ich hab ein paar Tage freigenommen und bin sofort zu ihr. Aber das ging natürlich nicht immer. Ich war ziemlich verzweifelt, dass ich sie so oft allein lassen musste. Als eine Art Wiedergutmachung habe ich ihr spontan einen Heiratsantrag gemacht. Ganz klassisch, auf Knien im Aufenthaltsraum in der Klinik. Zuerst gab's einen Korb, aber später, als alles überstanden war, hat sie dann Ja gesagt.

Sie sind zwar verheiratet, wollen aber vorerst nicht zusammenziehen. Sehen Sie Ihre Fernbeziehung als Dauereinrichtung?

H.-J.: Nein. Auch wenn es gerade so scheint. Irgendwann werden wir bestimmt zusammenziehen. Zur Zeit geht es schon aus beruflichen Gründen nicht. Aber ich glaube, wir haben uns auch so ganz gut eingerichtet.

W.: Von mir aus könnten wir gar nicht früh genug zusammenziehen. Aber wir hängen beide sehr an unserer Arbeit. Ich würde meinen Job, den ich glücklicherweise trotz langer Krankheit behalten konnte, nicht aufgeben. Keiner von uns würde so ohne Weiteres zurückstecken.

Welche Tipps würden Sie anderen Betroffenen geben?

W.: Optimistisch bleiben und nichts verschweigen, wäre mein Tipp.

H.-J.: Dem habe ich nichts hinzuzufügen.

Katrin: „Ich hockte in einer Blase"

Katrin aus Hamburg blickt auf eine zwölfjährige Fernbeziehung zurück. Sie und Gianni überwanden all die Jahre immer wieder die Entfernungen zwischen Frankfurt, Bologna, Zürich, Tübingen, Berlin, Denver und Japan. Nachdem beide die Welt mehrmals umrundet hatten, bezogen sie eine gemeinsame Wohnung in München. Nach einem halben Jahr zerbrach die Liebe endgültig.

Wie trafen Sie sich?

K.: Ich ging noch zur Schule. Er machte ein Gastsemester in Tübingen. Wo genau wir uns das erste Mal gesehen haben, weiß ich gar nicht mehr. Nur, dass es Liebe auf den ersten Blick war. Nach wenigen Wochen ging er schon wieder zurück nach Italien.

Wie empfanden Sie die Liebe auf Distanz?

K.: Ach je, wir waren zwölf Jahre zusammen. Da gab es Höhen und Tiefen. Es ging viel um Organisation, um Termine, um Absprachen, wie es weitergehen sollte. Er hat immer wieder den Job gewechselt, ist von Frankfurt nach Bologna, nach Zürich, nach Denver und wieder nach Bologna gezogen. Auch ich war viel unterwegs, studierte im Ausland, wechselte zweimal die Uni. Für Außenstehende war es der pure Glamour, immer hin und her zu fliegen und die Semesterferien mal in den USA, mal in Italien zu verbringen. Ich fand es einfach nur anstrengend, immer auf dem Sprung zu sein. Natürlich bin ich froh, dass ich die Zeit für mein Studium sinnvoll nutzen konnte. Viel mehr passierte andererseits nämlich auch nicht. Ich saß dauernd in einer Blase. Und was mich heute ärgert: Nach meinem Gefühl war ich diejenige, die ihm hinterherfuhr und mit ihm telefonierte.

Wie haben Sie die Probleme bewältigt?

K.: Für mich war es selbstverständlich, dass wir uns irgendwann zusammentun, uns an einem Ort einrichten, endlich loslegen. Ich habe alles nur als Übergang betrachtet, auch wenn dieser Übergang ein paar Jährchen dauerte. Es gab ja auch immer einen guten Grund dafür. Heute weiß ich, dass ich viel zu viel investiert habe.

Wann kam das Thema Zusammenziehen erstmals auf?

K.: Auch dafür gab es einen guten Grund. Er fand einen Job in München, ich war mit dem Studium fertig und bereit, mit ihm an jeden Ort der Welt zu gehen. Ich war überglücklich: endlich! Und ich dachte, ihm ginge es genauso.

Was ist dann passiert?

K.: Gianni war schon seit zwei Monaten in der Wohnung. An den Wochenenden fuhr ich runter und suchte mit ihm Möbel aus, brachte schon mal die wichtigsten Sachen dorthin. Dann kam der erste herbe Schlag: An meinem Umzugstag war er auf einem Seminar, das er auch hätte verschieben können. So fehlte er nicht nur in Berlin, um die Kisten runterzutragen, sondern er war auch nicht in München, als wir vor dem Haus ankamen. Am übernächsten Abend tauchte er irgendwann auf und tat so, als sei nichts gewesen.

Hatten Sie beide unterschiedliche Vorstellungen?

K.: Heute weiß ich, dass diese Episode typisch für uns war. Ich war davon ausgegangen, ihm sei mein Einzug ebenso wichtig wie mir. Und er glaubte, zwischen uns würde sich nichts ändern. Er war es gewohnt, das zu tun, wonach ihm der Sinn stand. Ich habe auch nicht jede Kleinigkeit mit ihm abgesprochen. Als wir noch getrennt lebten, fiel das nicht weiter auf. Ich bekam einen Job und richtete mich ein. Bald stritten wir uns nur noch. Ich wollte Zweisamkeit, für ihn war die gemeinsame Wohnung eine Zweck-WG. Seine Art, sich an der Hausarbeit nicht zu beteiligen, spätabends nach Hause zu kommen, seine Freizeit ohne mich zu planen, hat mich beleidigt. Dann eröffnete er mir, er habe ein Auslandsangebot bekommen, das er annehmen werde. Ich könne ja mitkommen, wenn ich unbedingt wolle. Da endlich fiel bei mir der Groschen.

Was halten Sie heute von Fernbeziehungen? Würden Sie das Modell empfehlen?

K.: Wenn ich ehrlich bin, nicht sehr viel. Nein, ich kann es niemandem empfehlen. Jedenfalls nicht für eine so lange Zeit wie bei uns. Man sollte aufpassen, den anderen nicht zu vergöttern. So wichtig das auch ist, um die Trennung zu ertragen. Aber diese Träumerei bricht einem das Genick, wenn man zusammenzieht.

Lina & Jonas: „Es wird nie langweilig"

Lina und Jonas aus Dresden führen seit sieben Jahren eine offene Beziehung. Und sie leben inzwischen in einem Haus – wenn auch auf verschiedenen Stockwerken. Beide pochen sehr auf ihrer Unabhängigkeit. Auch Seitensprünge sind nicht ausgeschlossen. Trotzdem besteht für sie kein Zweifel: Sie gehören zusammen.

Wie kam es zu dem Arrangement?

J.: Das passierte recht schnell. Wir lernten uns kennen, sprachen über unsere Vorstellungen von einer idealen Beziehung und stellten fest: Die glichen sich mehr oder minder. Was uns übrigens ziemlich aus den Socken gehauen hat. Zusammenziehen war nie ein Thema. Unabhängigkeit ist alles.

L.: Wir haben immer in der gleichen Stadt gewohnt und sind uns im Lauf der Jahre immer nähergekommen, Jonas von einer WG zur nächsten, ich bin auch zweimal umgezogen. Die Idee mit den Wohnungen im gleichen Haus kam durch Zufall. Jonas musste umziehen und erzählte, dass in seinem Haus, das gerade frisch saniert worden war, noch weitere Wohnungen frei seien. Da habe ich zugeschlagen. Natürlich haben wir vorher geklärt, wie wir dann miteinander umgehen wollen. Aber es wurde ein super Arrangement: Wollen wir uns spontan sehen, ist der

Weg nicht weit. Wollen wir allein sein, bleiben die Türen zu. Fertig.

Wie reagiert Ihre Umwelt darauf?

J.: Teils, teils. Viele Freunde, die uns lange kennen und schon tuschelten, warum wir so konsequent nicht zusammenziehen, fühlten sich bestätigt, als wir ihnen unsere gemeinsame Adresse mitteilten. Als wir dann kurz hintereinander zwei Einweihungspartys gaben, schüttelten alle die Köpfe. Andere finden die Sache mit den zwei Wohnungen einfach affig und denken, wir hätten einen Knall. Andere Leute wohnen ja auch sozusagen dreidimensional auf verschiedenen Stockwerken, nur dass keine zwei Wohnungstüren dazwischen sind. Wo ist da der Unterschied? Und natürlich fragt jeder Dritte, warum wir doppelte Miete zahlten.

L.: Da gibt es ganz viel Unverständnis. Eine Freundin von mir zickte total rum, dass unsere Wohnsituation Jonas' Idee gewesen sein muss, damit er jederzeit ungestört fremdgehen kann. Sie glaubt, ich würde das wie ein Schäfchen dulden. Sie hat nichts verstanden! Ich habe sie nicht davon überzeugen können, dass ich niemals so fade wie meine Eltern leben möchte – mit gemeinsamem Schlafzimmer, Kochaktionen und Händchenhalten auf der Couch. Ich brauche meinen Raum, und Langeweile passt mir nicht.

Alles bleibt doch viel spannender, wenn man sich besuchen muss. Wir haben zum Beispiel nicht die Schlüssel des anderen, außer nach Absprache.

Wie steht es bei diesem freien Arrangement mit der Eifersucht?

J.: Ich muss gestehen, dass ich früher viel eifersüchtiger war. Jetzt, wo wir in einem Haus wohnen, sind meine Ängste kleiner geworden. Natürlich weiß ich, dass sich tendenziell kaum etwas geändert hat. Aber mein Gefühl ist sicherer geworden.

L.: Für mich kein Thema. Für mich hat sich auch nach dem Umzug in ein Haus nichts geändert. Wir haben eine klare Abmachung, dass wir uns nicht anlügen und ehrlich miteinander umgehen, sollte jemand anderes auftauchen, der wichtiger wird und unsere Liebe in Frage stellt. Das hat doch mit der Wohnsituation nichts zu tun.

Wenn schon kein Seitensprung, was würde dann Ihrer Beziehung den Todesstoß versetzen?

L.: Kontrolle. Zum Beispiel betreten wir nie ohne Ankündigung die Wohnung des anderen. Selbst wenn ich aus irgendeinem Grund mal einen Nachschlüssel habe, klingele ich oder rufe kurz vorher an. Auch wenn jetzt alle denken, das würde ich nur machen, um ihn nicht in flagranti zu erwischen: Darum geht es nicht. Ich finde es furchtbar, wenn jemand plötzlich im Zimmer steht. Das ist für mich wie ein Überfall. Ich wohne hier, und ich bestimme, wer wann reinkommen darf.

J.: Ganz so streng sehe ich das mit dem Betreten der Wohnung zwar nicht. Aber ich halte mich daran, Lina zuliebe. Unter Kontrolle verstehe ich eher, dass man den anderen ganz für sich haben, einpacken, eintüten will. Das geht mit lautem Geschrei, aber auch mit emotionaler Erpressung. Da wäre es bei mir vorbei. Das ist tödlich. Aber dazu muss man ja nicht zusammenwohnen.

L.: Desinteresse wäre auch ganz schlimm. Wenn man sich nichts mehr zu sagen hat, sich das aber nicht eingesteht, sondern eben nur zeigt. Kein Respekt! Wenn ich Paare sehe, die irgendwann den gleichen Gesichtsausdruck kriegen, schüttelt es mich schon.

Halten Sie Ihr Modell für zukunftweisend?

L.: Für mich auf jeden Fall. Ich bin Einzelkind, wurde ziemlich verhätschelt, stand immer im Mittelpunkt. Ich bin es gewohnt, viel allein zu sein und vieles mit mir selbst abzumachen. Jonas versteht das: Wer anders gestrickt ist, würde in unserer Beziehung wahrscheinlich eingehen wie eine Primel. Ich finde es prima so, und wenn ich uns mit anderen vergleiche, sind wir perfekt: Jeder macht, was er will, und trotzdem sind wir ein Paar, das sich selten miteinander langweilt. Wenn wir zusammen sind, konzentrieren wir uns aufeinander.

J.: Unsere Beziehung ist nur etwas für Leute, wie ich finde, die mit sich im Reinen sind. Die auch ohne einen anderen leben könnten, es aber eben nicht wollen. Darum geht es nämlich: um eine freiwillige Beziehung ohne Besitzanspruch und ohne Konventionen. Ich kenne aber sonst niemanden, der so lebt wie wir. Viele würden es, glaube ich, schon nicht ertragen, nicht zu wissen, wann der andere nach Hause kommt.

Sabine: „An die Fahrerei muss ich mich erst gewöhnen"

Sabine aus Hannover hätte nie gedacht, dass sie in einem Online-Portal eine neue, vielleicht die große Liebe findet. Aber genau das ist ihr vor einigen Monaten passiert. Sie berichtet von einer frischen Liebe, tiefer Sehnsucht und einer großen Umstellung in ihrem Leben.

Wie sind Ihre ersten Erfahrungen als Liebes-Pendlerin?

S.: Anstrengend. Vor allem das. Ich muss mich daran wohl noch gewöhnen. In der ersten Zeit war alles ganz aufregend, da sorgten schon die Schmetterlinge im Bauch für die nötige Power. Ich hab die eine oder andere Nacht vor unserem Wiedersehen vor Aufregung nicht schlafen können und konnte trotzdem locker und fröhlich mein Pensum vorarbeiten, um rechtzeitig entweder loszufahren oder ihn am Bahnhof abzuholen. Das ist auf Dauer nicht zu schaffen, wie ich jetzt merke. Ihm geht es übrigens ebenso.

Wie gestalten Sie Ihre Fernliebe?

S.: So, wie es wohl alle machen: per E-Mail, Telefon, Skype. Wir telefonieren mehrmals am Tag, schon am frühen Morgen beim Aufstehen, dann immer wieder zwischendurch. Abends setzen wir uns vor die Webcam und reden manchmal bis spät in die Nacht. Das ist alles ganz neu für mich. Mein Tagesablauf hat sich total verändert. Mir kommt alles noch ein bisschen zerbrechlich vor. Mir wäre wohler, wenn wir uns jeden Tag sehen könnten. Ein wenig mehr Nähe wäre schon besser.

Haben Sie eine Idee, wie Sie Nähe schaffen?

S.: Mehr zu telefonieren geht nicht, es sei denn, wir hätten eine Standleitung. Wir kennen uns noch nicht so gut, und ich hoffe, dass die Distanz nicht dazu führt, dass wir länger brauchen als andere, um zu sehen, ob es überhaupt passt. Ich glaube ganz fest daran und vergehe manchmal vor Sehnsucht. Sonst würde ich nicht jedem Wochenende wie ein Teenie entgegenfiebern.

Was vermissen Sie am meisten in dieser Fernliebe?

S.: Körperliche Nähe natürlich. Ich hätte ihn gern ständig um mich, um mit ihm zu reden, zusammen zu sein, mit ihm auszugehen. Ein gemeinsamer Alltag. Trotz der regelmäßigen Besuche ist man doch erst einmal nur Gast beim anderen und erfährt relativ wenig vom Alltag. Ich glaube, auf Dauer wird es ungünstig sein, dass wir alles ins Wochenende packen.

Haben Sie gemeinsame Zukunftspläne?

S.: Nein, darüber haben wir noch nicht gesprochen. Ich wüsste auch gar nicht, was ich antworten sollte. Dafür, denke ich, ist es noch viel zu früh. Ich genieße einfach das Gefühl und mache das Beste aus allem. Auch wenn Freunde und Kollegen das eher pessimistisch sehen.

Marie: „Es ist doch gleichgültig, wie groß die Entfernung ist"

Von allen Befragten hat Marie aus Lübeck mit der größten Distanz zu kämpfen: Ihr Freund Francisco lebt in Lima, Peru. Das sind rund 10 900 Kilometer, die zwischen ihnen liegen. Die beiden sehen sich nur zwei-, maximal dreimal im Jahr. Mehr ist wegen der hohen Kosten und des langen Flugs nicht drin.

Wie kam es zu der Fernbeziehung?

M.: Wir sind uns vor drei Jahren bei einem Zeltlager in Nordspanien begegnet. Eine Urlaubsliebe, wenn man so will. Die dauerte vier Wochen, dann musste Francisco zurück. Ich war total unglücklich, aber bereits nach zwei Tagen kam die erste E-Mail. Seitdem habe ich ihn mehrmals besucht, und er war ein paar Mal hier bei mir. Dazwischen senden wir uns täglich E-Mails, schicken Briefe, Fotos, Kassetten, Filme. Zum Telefon greifen wir eher selten. Das ist viel zu teuer.

Da erübrigt sich die Frage nach möglichen Vorteilen einer Fernbeziehung, oder?

M.: Aber nein, natürlich nicht. Ich bin glücklich, dass ich ihn getroffen habe. Es ist sehr romantisch, wenn man sich nur selten sieht und stattdessen schreiben, sich etwas einfallen lassen muss. Wir schreiben alles auf, was uns passiert, die schönen wie die unangenehmen Dinge, was wir eben so erleben. So weiß ich immer, was er macht und wie es ihm geht. Bereits vor meinem ersten Flug nach Lima wusste ich, wie sein Haus aussieht. Ich kenne auch alle seine Freunde und sehe auf den Fotos, wer sich eine neue Frisur zugelegt hat! Aber viele Briefe von ihm sind auch sehr intim und nachdenklich. Ich glaube, mit einem Freund von nebenan würde ich etwas so Intensives nicht erleben. Trotz der großen Entfernung bin ich immer noch verknallt wie am ersten Tag.

Was vermissen Sie in Ihrer Fernbeziehung?

M.: Abgesehen von der körperlichen Nähe, dass er nicht da ist, wenn ich mal in den Arm genommen werden möchte, wenig. Es würde sich ja auch nichts ändern. Wenn ich aber ein paar Wünsche frei hätte, dann Geld ohne Ende und viel Zeit, um für ein paar Monate nach Lima zu fliegen. Oder eine Beam-Einrichtung, mit der wir in Sekundenschnelle hin- und hersausen könnten. Wie im Film.

Wie steht es mit der Eifersucht?

M.: Ganz zu Anfang war es schlimm. Da hatte Francisco noch eine Freundin in Lima. Aber inzwischen mache ich mir darüber gar keine Gedanken mehr. Er hat sich bald, nachdem es mit uns begann, von ihr getrennt. Ich vermute aber, dass er sich schon Sorgen macht. Aber das ist überflüssig. Ich nehme andere Männer überhaupt nicht zur Kenntnis.

Welche Tipps hätten Sie für andere, die sich auf eine Fernbeziehung einlassen?

M.: Das muss jeder selbst wissen. Wenn es einen trifft, kann man sowieso nichts machen. Und dann ist es egal, wie groß die Entfernung ist, ob der Freund am anderen Ende der Welt lebt oder nur 200 Kilometer entfernt. Wenn man diese Liebe will, dann findet man immer einen Weg.

Sibylle & Hans-Joachim: „Unsere Beziehung ist aufregender"

Nach fünf Jahren Lebensgemeinschaft in Hannover trennten sich die Wege von Sibylle und Hans-Joachim. Ein neuer Job führte den Redakteur nach Hamburg. Nach einer Krise beschlossen sie, sich getrennte Wohnsitze einzurichten. Das ist jetzt 18 Monate her. Was in ihrem Umfeld auf großes Unverständnis stieß, bewerten beide heute – trotz allem – als belebend für ihre Liebe.

Wie kam es zu der Fernbeziehung?

S.: Wir lebten schon ein paar Jahre zusammen. Dann bekam Hajo einen neuen Job in Hamburg, für den er eine Menge aufs Spiel gesetzt hatte. Die ersten Monate pendelte er täglich zwischen zu Hause und Hamburg. Das war auf Dauer nicht zu ertragen. Morgens war er früh weg und kam abends recht spät zurück. Wir haben uns kaum noch gesehen, und wenn, dann krachte es. Das war für mich keine Beziehung mehr, sondern wir lebten komplett aneinander vorbei.

H.-J.: Mir war dieser Job sehr wichtig, und dazu bin ich das eine oder andere Mal in der Woche länger geblieben, sodass es weit nach Mitternacht war, wenn ich nach Hause kam. Sibylle hat das nicht verstanden und mir vorgeworfen, ich käme nur noch zum Schlafen und zum Wäschewechseln nach Hause. Es kam zu einer echten Krise, das Wort Trennung stand im Raum. Dann beschlossen wir, es wenigstens noch einmal mit zwei Wohnungen zu versuchen, finanzielle Belastung hin oder her. Und unter diesen Umständen bot es sich für mich geradezu an, eben gleich nach Hamburg zu ziehen.

Hat sich dieser Schritt für Sie gelohnt? Sind Sie zufrieden?

S.: Grundsätzlich ja. Es ist immer schwierig, darüber zu spekulieren, hätte, wäre, wenn. Aber ich denke, ohne Trennung wären wir heute definitiv nicht mehr zusammen. Wir haben uns andere Probleme dafür eingehandelt. Aber die nagen nicht mehr an unserer Liebe, sondern sind nur äußerlich und daher zu kontrollieren.

H.-J.: Für mich war es anfangs ziemlich heftig. Ich wurde rausgeschmissen und fand mich ziemlich unter Druck gesetzt. Ich hatte das Gefühl, an allem schuld zu sein und einiges wiedergutmachen zu müssen, indem ich jedes Wochenende kam, ständig anrief und schrieb. Eine Bringschuld, die ich nie abtragen konnte. Das änderte sich erst im Lauf der Zeit, als sich zeigte, dass Sibylle genauso häufig zu mir kommt, wie ich zu ihr fahre. Besonders gefällt mir, um ganz ehrlich zu sein, dass sie an meiner Haushaltsführung nicht herummäkelt, sondern wirklich nur zu Besuch ist.

S.: Es hat sich aber auch noch mehr geändert. Wir freuen uns jetzt wieder richtig aufeinander. Das klingt übertrieben, aber in der Zeit, in der wir eine Wohnung hatten, ist vieles auf der Strecke geblieben. Auch wenn ich seinen Auszug zunächst als große Erleichterung empfand, blieb doch ein Loch. Und das wieder aufzufüllen, hat eine ganze Zeit gebraucht. Denn die früheren Selbstverständlichkeiten waren ja nicht mehr da. Es war toll zu merken, dass wir doch noch vieles gemeinsam haben!

Welche Nachteile sehen Sie?

H.-J.: Termine, Kosten, Aufwand für zu wenig gemeinsame Zeit.

S.: Ja, paradoxerweise nimmt unsere Beziehung heute bei mir mehr Raum ein als früher. Nicht nur was die Organisation und die Aufrechterhaltung des Kontakts betrifft. In Gedanken bin ich viel häufiger bei ihm. Und Eifersucht ist auf einmal auch ein Thema. Unsere Beziehung kommt mir unsicherer vor als früher. Aber auch aufregender.

Eifersucht ist also ein Thema?

S.: Das war zu Anfang ganz schön schlimm bei mir, muss ich sagen. Ich hatte ihm die Koffer schon vor die Tür gestellt, aber ich wollte ihn ja auch behalten. Unter diesen Umständen rechnete ich stets damit, dass er die nächste Gelegenheit nutzt, um sich mit einer anderen zu vergnügen. Hamburg hat schon einiges mehr zu bieten als Hannover. In allen Redaktionen gibt es neue, junge Kolleginnen, die auch gern lang arbeiten und wissen, wovon er redet. Da spielten sich vor meinem inneren Auge ganze Pornos ab.

H.-J.: Die Eifersucht, besser: Unsicherheit, kenne ich auch. Sibylle drängte auf die Trennung, wenn auch nur räumlich, und da kam einiges an Zweifeln in mir hoch. Was ist, wenn da schon ein toller Typ in den Startlöchern steht? Der nicht die gleichen Fehler macht wie ich? So ganz sicher bin ich mir da auch heute nicht. Als wir noch zusammenwohnten, war ein Seitensprung für mich undenkbar.

Wie gehen Sie mit dem Problem um?

H.-J.: Wir machen Scherze. Im Ernst, wir reden darüber. Nicht ständig und ohne Drama, aber immer wieder. Wir haben echt komische Rituale entwickelt. Begonnen haben wir mit Zettelchen, die beim anderen versteckt wurden, zum Teil so gut, dass einige von mir immer noch unentdeckt irgendwo liegen! Später verschwanden kleine Dinge, ein getragenes T-Shirt oder eine kleine Nippesfigur. Die habe ich dann bei ihr wieder gefunden. Klar, dass ich auch zugegriffen habe. Inzwischen ist es normal, dass wir etwas mitgehen lassen. Und es ist ganz toll, wenn wir uns beim Aufspüren des Diebesguts erzählen, warum einem gerade dieser Gegenstand in dem Moment so wichtig war. Dann sprechen wir über uns und fühlen uns ganz nah.

S.: So halten wir das Band. Ich muss gestehen, dass es ein irre gutes Gefühl war, Sachen von ihm heimlich mitzunehmen. Mir hüpfte vor Freude das Herz, als ich bemerkte, dass er das Spielchen ziemlich schnell kapiert und wortlos mitgemacht hat!

Wie reagiert Ihr Umfeld auf Ihre freiwillige Fernbeziehung?

S.: Alle prophezeiten, dass dies das Ende sein würde. Der Super-GAU. Das war nicht sehr tröstlich. Schließlich wusste ich ja auch nicht, ob wir nur einen Umweg machten oder alles längst vorbei sei, wir uns die Trennung nur nicht eingestehen wollten. Viele meinten, wir wüssten nicht, was wir wollten.

H.-J.: Ich bekam oft zu hören, ich würde mich lächerlich machen. Dass Sibylle mich rausgeschmissen hat, haben viele als klaren Schlussstrich gesehen. Weichei, Depp, lässt alles mit sich machen – solche Sprüche kamen da schon. Fährt schon wieder seiner Ex hinterher! Aber viele waren ziemlich überrascht, mit welcher Überzeugung wir den Versuch gewagt – und gewonnen haben.

Halten Sie Ihr Modell für zukunftweisend? Soll die Trennung auf Zeit zum Dauerzustand werden?

S.: Das kann ich so nicht sagen. Für mich war es die richtige Entscheidung, es mit einer räumlichen Trennung zu versuchen. Es war aber auch die letzte Ausfahrt vor der Trennung. Ob es anderen Paaren in ähnlich gelagerten Schwierigkeiten helfen würde, keine Ahnung.

H.-J.: Ein Versuch jedenfalls kann nicht schaden, wenn ohnehin schon alles in Frage gestellt ist. Ich habe mich inzwischen ganz gut an das Singleleben gewöhnt. Der berufliche Alltag ist natürlich leichter geworden. Aber zum Dauerzustand möchte ich das nicht machen. Vielleicht ergeben sich für uns beide noch Chancen. Irgendwann einmal, an einem Ort. Das wollen wir beide. Wieder.

Kerstin: „Ich will Unabhängigkeit"

Die Berlinerin Kerstin ist geschieden und hat eine achtjährige Tochter. Zwei Jahre lang pendelte sie zu ihrem Freund Steffen nach Jena. Inzwischen hat sie mit Wolfgang einen neuen Partner in Berlin gefunden, mit dem sie aber keine gemeinsame Wohnung beziehen will.

Warum leben Sie und Ihr jetziger Partner in getrennten Wohnungen?

K.: Das hat viele Gründe. Zum einen will ich meiner Tochter Zeit geben, sich mit Wolfgang anzufreunden. Die Trennung von Steffen, den sie sehr gemocht hat, fällt ihr nicht so leicht wie mir. Die beiden haben noch Kontakt. Auch zu ihrem Vater hat sie eine enge Bindung. Das muss ich alles beachten und kann den nächsten Ersatzvater nicht sofort anschleppen. Aber ich glaube, der wahre Grund ist, dass ich keine Lust habe, mich zu binden. Mit Wolfgang bin ich noch in einer Art Testphase: Wie reagiert er darauf, dass sowohl mein Exmann als auch Steffen immer wieder auftauchen? Wie geht er mit der Situation um? Wie wird das zwischen uns beiden? Ich bin vorsichtig geworden.

Woran scheiterte die Beziehung zu Steffen?

K.: Nicht an der Distanz, bestimmt nicht. Wir haben im Lauf der Zeit den Kontakt verloren. Auch wenn er sich mit meiner Tochter gut verstanden hat, zwischen uns schlief die Liebe langsam aber sicher ein. Unsere Wochenenden wurden zur Routine, es fehlten Überraschungen. Die Telefonate wurden kürzer und liebloser, hinzu kamen seine Eifersuchtsattacken. Selbst wenn wir nebeneinander gewohnt hätten, es wäre trotzdem Schluss gewesen. Die Entfernung, glaube ich, hat unsere Differenzen einfach nur lange überdeckt.

Welche Vorteile sehen Sie im Alleinleben mit Partner?

K.: Klare Verhältnisse. Das ist wichtig, wenn man ein Kind hat. Meine Bedürfnisse drehen sich um Zärtlichkeit, Sex, Aufregung, gemeinsame Unternehmungen. Mit einem Kind wird aus dem Zusammenwohnen in null Komma nichts die klassische Familie – mit allem, was ich kenne und nicht mehr haben muss. Ich möchte einfach keine Verantwortung für noch jemanden übernehmen. Ich bin Mutter und Frau, habe einen tollen Job, die Betreuung von Klara ist gut organisiert, und ich kann mich mit Freundinnen treffen, ausgehen. Habe also Zeit für mich. Da passt ein Vollzeitpartner einfach nicht rein.

Wie reagiert Ihr Umfeld darauf?

K.: Mein Freundinnen-Klub steht hinter mir. Viele von ihnen befinden sich in einer ähnlichen Situation, sind alleinerziehend, und die eine oder andere beneidet mich schon ein bisschen. Man muss wohl Mut haben, sich nicht nur über das Kind wahrzunehmen. Das Wort „Rabenmutter" habe ich allerdings auch schon gehört. Meine Familie versteht mich weniger. Die werfen mir vor, ich sei unvernünftig. Die sind wahrscheinlich erst zufrieden, wenn ich mir einen Versorger geschnappt habe. Mein Exmann ist inzwischen wieder verheiratet, auch der findet mein Leben nicht so gut.

Wäre eine solche Fernbeziehung also Ihr Idealmodell?

K.: Man soll ja nie die Hoffnung aufgeben. Im Ernst, ich lebe einfach so, wie es kommt. Ich habe die Vorstellung von einem Idealpartner, mit dem ich dann auch zusammenleben möchte. Aber die werden nicht gebacken. Ich bin skeptisch und schaue einfach genauer hin. Wenn er kommt, großartig! Wenn nicht, dann geht es eben so weiter.

Heide & Günter: „Ich hätte nie gedacht, dass das möglich ist"

Heide und Günter aus Hamburg haben vor fünf Jahren Silberne Hochzeit gefeiert. Kurz danach verlor Günter seinen Job. Inzwischen hat er wieder einen, für den er allerdings wochenlang am Stück nicht zu Hause ist. Seitdem hat sich bei den beiden nicht nur der Alltag, sondern auch die Beziehung gründlich verändert – durchaus zum Besseren.

Wie war die erste Zeit?

G.: Anstrengend. Ich musste mich in die neuen Aufgaben reinfinden, was nicht einfach ist in meinem Alter. Dann die lange Zeit, die ich nicht zu Hause sein konnte. Immer auf dem Sprung zu sein, das ist nichts für mich. Wenn ich dann für kurze Zeit zu Hause war, kam ich nicht so richtig zur Ruhe. Und mir entging, was in meinem Bekanntenkreis los war. Natürlich hat Heide mir immer das Neueste erzählt, aber ich war außen vor. Und dann noch die Sprüche, ob ich mir das gut überlegt hätte, meine Frau so lange allein zu lassen. Es gibt wohl Leute, die das lustig finden.

H.: Oh, ich hab ganz furchtbar darunter gelitten. Die Töchter sind längst aus dem Haus. Und gearbeitet habe ich nach der Hochzeit nicht mehr. So lange allein zu sein, war ich nicht gewohnt. Hinzu kamen die Sorgen, wie es Günter wohl geht, ob er alles richtig macht, ob er sich nicht übernimmt. Ich musste mich zwingen, morgens beizeiten aufzustehen und den ganzen Tag ordentlich zu planen, damit ich nachts so müde war, dass ich wenigstens die Augen zumachen konnte. Das war nicht schön.

Wie sind Sie diese Probleme angegangen? Was haben Sie unternommen?

H.: Zuerst hab ich viel mit den Kindern gesprochen. Die haben mir irgendwann gesagt, ich solle aufhören zu jammern. Das saß. Ich habe alles umorganisiert und wieder angefangen zu arbeiten, aber nur in Teilzeit. Wir telefonieren jeden Abend zur gleichen Zeit. Vorher mache ich mir Notizen zu allem, was er wissen muss. Na, manchmal sagt er auch schon, ich solle damit aufhören, nun sei es genug, aber es hilft mir, wenn ich dafür sorge, dass er weiß, was hier los ist. Und wenn er nach Hause kommt, bereite ich alles sorgfältig vor. Dann gibt es sein Lieblingsessen, sogar Kerzen und eine Flasche Wein kommen auf den Tisch.

G.: Ich musste mir abgewöhnen, ständig alles kontrollieren zu wollen. Schließlich konnte ich ja schlecht den ganzen Tag am Telefon hängen und fragen, hast du dies gemacht, hast du jenes erledigt! Heide ist jetzt die Chefin, sie hat das Sagen zu Hause. Aber das hat eine ganze Weile gedauert.

Wie finden Sie Ihre Fernbeziehung?

H.: Wenn ich es mir aussuchen könnte, würde ich ihn sofort nach Hause holen. Aber ich denke, wir haben uns ganz gut eingerichtet. Wir sind ein gutes Team. Ich hab gelernt, mich mit Handwerkern herumzuärgern. Und mein Mann ist viel aufmerksamer als früher. Das hat schon was.

G.: Ich wäre auch lieber zu Hause. Aber Heide ist eifrig dabei, um mir das Leben auf Tournee, so nennen wir das, zu erleichtern. Um ehrlich zu sein, ich bin stolz auf sie, wie sie alles im Griff hat.

Welche Vorteile sehen Sie in der Trennung auf Zeit?

G.: Ich kann in einem guten Job arbeiten, der mir Spaß macht. Und ich kann mich auf meine Frau verlassen, die alles hinkriegt. Das hätte ich nie gedacht, dass das möglich ist.

H.: Ich bin viel selbstständiger geworden als früher. Das gefällt mir gut. Und ich weiß nicht, ob sich das so schnell ändert, wenn Günter wieder ganz zu Hause ist.

Wie reagiert Ihr Umfeld auf Ihre Situation?

H.: Mir sagen schon viele, dass ich mich verändert hätte, dass ich selbstbewusster und freier geworden sei. Das ist mir beinahe schon unheimlich.

G.: Ich sehe die Bekannten nur noch selten. Wenn ich zum Kegeln mal mitkomme, wo Heide ja sonst allein die Stellung hält, dann kommen schon mal Sprüche, dass ich aufpassen solle, denn sonst hätte ich bald nichts mehr zu sagen. Auch von Kollegen. Aber da hör ich nicht so genau hin.

Welche Tipps würden Sie Betroffenen geben, die in eine ähnliche Situation kommen wie Sie?

H.: Schwer zu sagen. Wir mussten ja damit zurechtkommen, dass Günter durch die Gegend tingelt. Sonst hätte er wohl so schnell keine neue Arbeitsstelle gefunden. Auch wenn es anfangs schwer scheint, es gibt immer einen Weg, aus der Situation das Beste zu machen. Wenn man sich vertraut, geht das schon.

G.: Verständnis und gegenseitige Unterstützung sind wichtig.

H.: Und viel reden muss man auch. Das hast du vergessen.

Martin: „Klar, dass irgendwann das Vertrauen weg war"

Martin aus Bremen reist seit fünf Jahren als Fernfahrer durch Nord- und Osteuropa. Nach einem Jahr als Trucker zerbrach seine Ehe. Der Grund: das Misstrauen seiner Frau. Seit der Scheidung lebt Martin allein.

Wie haben Sie die Fernbeziehung erlebt?

M.: Wir waren fünf Jahre verheiratet, als ich den Job als Fernfahrer bekam. Das bedeutet, dass ich ab und an mal ein oder zwei Wochen, manchmal auch drei Wochen am Stück unterwegs war. Ich fand das gut, denn ich bin gern unterwegs, liebe die Landschaften, das gemächliche Reisen auf dem Bock, die Menschen, die ich treffe. Das hat meine Frau wohl nicht ausgehalten.

Wie zeigte sich das?

M.: Sie wurde immer ekelhafter, sorry. Sie hatte einen eigenen Job, hätte also nicht zu Hause rumsitzen und auf mich warten müssen. Aber ich habe von ihr auch keine Unterstützung bekommen. Sie hat sich für das, was ich mache, nicht mehr interessiert. Wenn ich zu Hause war, musste alles Friede, Freude, Eierkuchen sein. Die totale Fassade. Mit der Zeit wurde es immer schlimmer. Ihre ständigen Kontrollen machten alles kaputt. Irgendwann ist mir der

Kragen geplatzt, ich hab sie am Handy weggedrückt und ihr auch die Motelnummer nicht gegeben. Ich hatte einfach keine Lust mehr, jeden Abend um 21.00 Uhr brav zur Verfügung zu stehen. Sie hat ohnehin nur kurz Hallo gesagt, ein, zwei Sätzchen nachgeschoben und dann zufrieden aufgelegt. Das hat mich wütend gemacht: Was glaubt die denn, wer ich bin und was ich da mache? Dass ich abends nach der Arbeit noch die Zeit und die Energie habe, Frauen aufzureißen? Es war unmöglich, ihr das zu erklären. War ich dann zu Hause, kam von ihr nur Misstrauen, später folgten handfeste Vorwürfe und Kräche.

Glauben Sie, dass es an der Distanz lag?

M.: Nein, wir haben nicht mehr miteinander geredet. Sie hat mich total hängen lassen. Und ich kam nicht mehr durch. Ab und zu habe ich kleine Geschenke aus Polen oder Russland mitgebracht. Da war sie dann etwas freundlicher. Ich glaube, wenn sie nicht auch noch diese totale Kontrollnummer gefahren hätte, hätten wir vielleicht eine Chance gehabt. Aber ich fand ihr Verhalten richtig krank. Wenn sie sowieso kein Interesse mehr an mir hatte, warum wollte sie dann noch wissen, was ich mache? Klar, dass irgendwann auch das Vertrauen weg war. Der Rest? Formsache.

Wie geht es für Sie weiter?

M.: Ich glaube, ich lasse das Thema feste Beziehung erst einmal ruhen, bis ich wieder einen Job habe, bei dem ich zu Hause bleiben kann. Aber bis es so weit ist, vermisse ich auch nichts, wenn ich ehrlich bin.

Karin: „Ich will gar keinen Mann an meiner Seite"

Karin aus Hude war nie verheiratet, führte aber viele lange Beziehungen, nah und fern. Ihre letzte Liebe endete jäh mit dem Tod ihres Partners. Im Internet hat sie eine neue Liebe gefunden: Jesper lebt in den Niederlanden.

Wie ist zu der Fernbeziehung gekommen?

K.: Jesper ist nicht meine erste Fernbeziehung. Meinen allerersten Fernfreund hatte ich zu Beginn der Achtzigerjahre. Er lebte in Österreich. Das waren noch ganz andere Zeiten damals. Es gab keine Billigflüge, keinen ICE, keine Flatrate, kein Internet, sondern wir haben uns Briefe und Postkarten schreiben müssen! Das kann ich mir heute gar nicht mehr vorstellen. Aber es hatte auch etwas sehr Romantisches, auf Post zu warten. Es ging dann irgendwann zu Ende, wie das eben so ist, wenn man 24 Jahre ist. Mit dem zweiten Mann meines Lebens bin ich dann nach fünf Jahren Fernliebe Anfang der Neunziger zusammengezogen. Auch wir hatten uns Briefe geschickt. Gott sei Dank hatte ich da schon mehr Geld zur Verfügung, sodass wir häufig und lange telefonieren sowie regelmäßig zueinander fahren konnten. Inzwischen ist ja vieles noch anders und einfacher geworden. Nach dem Tod meines Mannes – ich nenne ihn so, obwohl wir nicht verheiratet waren – war ich einsam und am Boden. Irgendwann habe ich mich bei einem Online-Portal angemeldet, kam mir ein wenig blöd vor, aber dann bin ich bald Jesper begegnet.

Welche Vorteile hatte diese Fernbekanntschaft?

K.: Es war einfacher für mich, mich darzustellen, um es mal so zu sagen. Ich fühlte mich sonst kaum in der Lage, aus dem Haus zu gehen. An Ausgehen oder so etwas habe ich überhaupt nicht gedacht. Am Bildschirm war es eben einfacher, Kontakt aufzunehmen. Man schreibt so ein bisschen hin und her, unverbindlich, und kann selbst bestimmen, wie schnell man sich näherkommt. Das hat sicher geholfen. Wir haben uns jedenfalls ordentlich Zeit gelassen.

Und wie halten Sie Kontakt?

K.: Wir schreiben uns mehrmals am Tag E-Mails und telefonieren auch mal zwischendurch. Ich arbeite von zu Hause aus, sodass ich ständig online und erreichbar bin.

Welche Nachteile sehen Sie?

K.: Im Moment keine. Mir gefällt es so. Wir besuchen uns mittlerweile abwechselnd zweimal im Monat, sodass ich zwischen dem Oldenburger Land und Eindhoven pendeln kann. Ich habe Holland schon immer gemocht und bin dort nun ein bisschen heimisch geworden. Nur die Sprache werde ich wohl nicht mehr lernen. Ich genieße es, umschwärmt zu werden, im Mittelpunkt zu stehen und nicht weiter als drei Tage im Voraus denken zu müssen. Klar, dass ich Sehnsucht nach ihm habe, mir fehlt er vor allem nachts.

Wie sieht Ihr Partner das?

K.: Ich denke genauso. Wenn er nicht zufrieden wäre, hoffe ich doch, dass er mir das sagen würde. Dann kann man weitersehen. Seine Geschichte ist ähnlich wie meine. Er hat eine unglückliche Scheidung, wenn man das so sagen kann, hinter sich und möchte sich nicht so eng binden. Das kommt mir entgegen. Wir sind alt und erwachsen genug, um solche Dinge vernünftig zu besprechen. Wir treffen uns und machen uns eine schöne Zeit. Was will man mehr?

Halten Sie das Alleinleben für das Modell der Zukunft?

K.: Ja. Nach dem Tod meines Freundes war ich erschöpft und ausgelaugt. Im Moment kann ich mir einfach nicht vorstellen, mit einem Mann zusammenzuleben. Ich will gar keinen Mann an meiner Seite, sondern brauche Zeit für mich und habe inzwischen auch beruflich wieder Fuß gefasst. Wer weiß, vielleicht würde ich zu schnell wieder in den alten Trott fallen. Nein, so ist das gut.

Welche Tipps würden Sie anderen Betroffenen geben?

K.: Einen Freund zu haben, geliebt zu werden, wunderbare Momente zu erleben, ist immer besser als allein zu sein. Wenn die Möglichkeit besteht, weil man jemanden gefunden hat, sollte man es unbedingt versuchen. Meiner Erfahrung nach klappt es auch. Egal, wo und wie. Meistens.

Petra & Dieter: „Den Kindern macht die Trennung nichts aus"

Petra und Dieter aus Magdeburg haben zwei Kinder. Dieter gehört seit fast zwei Jahren zu den klassischen Wochenend-Pendlern. Montags bis freitags arbeitet er in Duisburg, wo er eine kleine Wohnung hat. Am Freitagnachmittag fährt er mit dem Zug zu seiner Familie, um mit ihr bis zum Montagmorgen das Wochenende zu verbringen.

Wie kam es zu dieser Pendelbeziehung?

D.: Aus beruflichen Gründen wechselte ich nach Duisburg. Ein Komplettumzug kam für uns überhaupt nicht in Frage. Wir haben vor wenigen Jahren gebaut, das Jüngste war gerade erst ein Jahr alt. Außerdem haben wir alle unsere Freunde und die Familie in Magdeburg. Was hätte Petra da im Westen allein machen sollen? Sie hätte sich ganz neu einrichten müssen.

P.: Auch tägliches Pendeln wäre unmöglich gewesen, der Weg war einfach zu weit. So haben wir uns darauf geeinigt, dass er sich eine kleine Bude in Duisburg sucht und wenigstens am Wochenende nach Hause kommt. Seine Firma hat ihm bei der Wohnungssuche geholfen und unterstützt uns ein wenig bei den anfallenden Fahrtkosten. Da können wir uns nicht beklagen.

Wie finden Sie Ihre Fernbeziehung?

D.: Ich komme mit dem Pendeln immer besser zurecht. Aber das Familienleben leidet sehr darunter. Zum Glück muss ich mir keine Sorgen machen, dass mich meine Kinder irgendwann nicht mehr erkennen. Aber von dem, was zu Hause passiert, bekomme ich oft nur das mit, was Petra mir am Telefon erzählt.

P.: Ich empfinde seine Abwesenheit immer noch als schlimm. Die Wochenenden sind einfach zu kurz, um alles aufzuholen, was sich unter der Woche aufgestaut hat. Die Kinder verlangen ihr Recht und wollen mit dem Papa spielen. Ich verlange mein Recht, mit meinem Mann allein zu sein. Das kriegen wir eigentlich nie harmonisch unter einen Hut. Schon öfter haben wir Einladungen bei Freunden abgesagt, um das Wochenende nicht damit zu verschwenden. Und das merken sie sich natürlich.

Wie halten Sie unter der Woche Kontakt?

P.: Wir telefonieren jeden Abend, oft auch dann, wenn ich die Kinder ins Bett bringe, damit sie mit ihm sprechen können. Danach sind wir allein, tauschen uns über den Tag aus, besprechen Alltägliches, aber auch die Pläne für die nächste Zeit.

D.: Ich hocke ziemlich allein da in Duisburg unter der Woche. Natürlich bin ich auch mal mit Kollegen unterwegs, ein Bier trinken, oder werde zum Essen eingeladen. Oder ich gehe ins Kino. Aber das war es auch schon. Die Telefonate sind sehr wichtig für mich; nur so bleibe ich auf dem Laufenden. Gerade zu Beginn der Zeit in Duisburg war es sehr schön, wenigstens Petras Stimme zu hören.

P.: Das habe ich auch gemerkt. Viel besser wurde es, als ich mit den Kindern das erste Mal ein paar Tage rübergefahren bin. Das war zwar ein Abenteuer mit zwei kleinen Kindern und dann das Übernachten in der kahlen Einzimmerwohnung! Aber ich konnte sehen, wo er arbeitet, wie er lebt, wo er seine Currywurst isst. Wovon er redet, wenn er vom Tag erzählt. Das hat uns und mir geholfen. Nicht nur, weil ich in meinem Alltag durch die Kinder viel eingeschränkter bin als früher. Bevor die Kinder da waren, war Eifersucht kein Thema für mich. Jetzt mache ich mir schon mal Gedanken. Schließlich geht es jetzt auch um viel mehr.

Wie sehen die Kinder die Abwesenheit des Vaters?

P.: Die Kinder haben kein Problem damit, dass er nur am Wochenende da ist. Für sie ist das inzwischen normal. Zu Anfang gab es bei dem Älteren einige Tränen und viel Geschrei beim Abschied, da er nicht verstanden hat, warum der Papa wegfährt. Inzwischen macht er das Beste daraus und versucht, uns gegeneinander auszuspielen. Was er bei mir unter der Woche nicht darf, probiert er am Wochenende beim Papa einzuhandeln. Kinder lernen schnell.

D.: Ich genieße meine Kinder mehr, als wenn ich sie täglich sehen würde. Bin dann auch ganz gern der liebe Papa, während Petra den Schwarzen Peter hat. Es ist für alle der Ausnahmezustand, wenn wir zusammen sind. Aber ich sehe auch, dass Petra „als Alleinerziehende" im Alltag ziemlich viel um die Ohren hat, und ich kann sie da kaum unterstützen.

Welche Vorteile sehen Sie in der Fernbeziehung?

D.: Ich kann mich voll auf meinen Job konzentrieren und komme voran. Auch nach Abzug der Mehrkosten verdiene ich mehr als zuvor. Finanzielle Sicherheit ist uns beiden sehr wichtig. Ob sich zwischen mir und Petra etwas verändert hat, kann ich nicht sagen. Wir haben auch vorher schon viel miteinander geredet. Doch: Wir streiten weniger!

P.: Ja, weil zu wenig Zeit dafür bleibt. Stattdessen sind wir viel netter und aufmerksamer miteinander. Dieter bringt oft Geschenke mit, kleine Aufmerksamkeiten, die zeigen, dass er an mich denkt. Darauf konnte ich früher lange warten!

Wären Sie bereit, diese Fernbeziehung zum Dauerzustand zu machen?

D.: Das ist eine komische Frage. So lange ich beruflich keine Alternative habe und auch in absehbarer Zeit keine sehe, werden wir so weitermachen. Bis jetzt läuft es ganz gut. Aber es ist ein Ausnahmezustand. Wenn es ginge, wäre ich sofort wieder zu Hause.

P.: Mit Kindern ist man natürlich stark eingeschränkt, aber gleichzeitig auch beschäftigt. Ich sehe die Notwendigkeit, dass er pendelt. Aber das heißt nicht, dass ich die Pendelei unter allen Umständen für den Rest meines Lebens mitmache. Irgendwann nehmen wir unser altes Leben wieder auf.

Welche Tipps würden Sie anderen Betroffenen geben?

P.: Wir haben das Glück, dass wir vorher schon lange zusammen waren, uns gemeinsam etwas aufgebaut und zwei Kinder haben. Die Trennung wurde uns von außen aufgezwungen, und vielleicht können wir sie aus diesem Grund besser wegstecken.

D.: Flexibel sollte man sein und offen. Und zusammenhalten, über alles reden. Die meisten Probleme lassen sich ganz gut wegorganisieren.

Jasmin: „Ein Jahr ziehen wir das jetzt durch"

Jasmin war in ihrem Job nicht mehr glücklich, und deshalb ist sie von Hamburg nach Berlin gezogen. Ihren Freund Tim hat sie zurückgelassen. Seitdem pendeln die beiden zweimal die Woche für je einen Tag die 260 Kilometer zwischen Elbe und Spree. Das Paar hat sich nach wenigen Monaten einigermaßen arrangiert – und eine klare Absprache getroffen.

Wie kam es zur Fernliebe?

J.: Ich war in meinem alten Job nicht mehr glücklich. Da habe ich das erste Angebot, das mich ansprach, angenommen und bin nach Berlin gewechselt. Gleichzeitig habe ich die gemeinsame Hamburger Wohnung verlassen und bin in Berlin untergekommen.

Wie finden Sie Ihre Fernbeziehung?

J.: Ich habe das so gewollt, da ich eine neue berufliche Herausforderung brauchte. Und dass ich mich darauf erst einmal konzentrieren musste, war auch Tim klar. Trotzdem fehlt er natürlich jeden Tag, jeden Abend, jeden Morgen.

Wie findet Ihr Partner die Trennung?

J.: Nicht so toll. Gerade in den ersten Monaten fühlte er sich ausgegrenzt. Ich habe an vielen neuen Projekten gearbeitet, habe neue Menschen und Kollegen kennengelernt, mich in der Stadt herumgetrieben. Er fühlte sich ausgeschlossen, weil er nicht dabei sein konnte.

Ist Eifersucht ein Thema?

J.: Nicht direkt. Weder er noch ich sind Menschen, die einer Versuchung unbedacht nachgeben würden. Wir sind ziemlich monogam. In der Beziehung können wir uns aufeinander verlassen. Aber auszuschließen ist ein Seitensprung natürlich nie. Gibt ja immer mal wieder ein Betriebsfest.

Wie gehen Sie Ihre Probleme an?

J.: Wir reden darüber. Mehr geht nicht. Mehr ist aber auch nicht nötig, denn dass wir uns lieben und zusammenbleiben wollen, daran besteht kein Zweifel. Wir können ziemlich gut miteinander reden und auch streiten, wenn ich uns mit anderen vergleiche. Wir haben das Glück, dass wir beide keine Spielchen spielen müssen. Wir sind eher ernste Menschen, und wir lieben uns.

Wie soll es weitergehen?

J.: Diese Hin- und Herfahrerei kann kein Dauerzustand sein. Sie geht wegen der doppelten Miete ins Geld und kostet Zeit und Nerven, auch wenn der Weg zwischen Berlin und Hamburg nicht so weit ist. Wir haben eine Abmachung getroffen: Nach dem ersten Jahr setzen wir uns zusammen und überlegen, ob und wie wir weitermachen. Ob wir weiterpendeln oder vielleicht einen guten Ausweg finden. Eine gute Frist, finde ich, um sich über alles klar zu werden.

Welchen Tipp könnten Sie Betroffenen geben?

J.: Ach je, die Beziehung nicht zum Allein-Seligmachenden erklären. Die goldene Mitte zwischen Liebe und Arbeit finden, denn jede Beziehung leidet irgendwann darunter, wenn man mit dem eigenen Leben unzufrieden ist. Wenn es die Möglichkeit gibt, daran etwas zu ändern, sollte man es versuchen. Eine gute, liebevolle Beziehung kann das verkraften. Es gibt immer einen Weg, den man genauso gut wieder zurückgehen kann.

Kathrin: „Ich fühle mich ziemlich allein"

Kathrin aus Berlin liebt seit etwas mehr als einem Jahr Martin, der in Stuttgart lebt. Obwohl sie sich langsam an die Distanz gewöhnt, kommen ihr doch immer wieder Zweifel.

Wie finden Sie es, eine Beziehung auf Ferne zu führen?

K.: Wir kennen uns noch nicht so lange. Begegnet sind wir uns vor etwas mehr als einem Jahr auf einer Party. Aber wir sehen uns höchstens zweimal im Monat, na, eigentlich eher einmal. Das ist nicht oft. Mal besucht er mich, häufiger fahre ich von Berlin nach Stuttgart.

Haben Sie schon Vorteile entdecken können?

K.: Ich glaube, wir konnten uns das nicht aussuchen. Wir sind uns über den Weg gelaufen und wussten gleich, dass wir uns wiedersehen mussten. Egal, wie. Natürlich ist es toll, wenn wir uns sehen. Nur das zählt. Wir haben eine tolle Zeit, kommen kaum aus dem Bett. Nur der Abschied fällt immer sehr schwer.

Welche Nachteile sehen Sie?

K.: Ich fühle mich ziemlich allein. Dagegen helfen auch keine Telefonate. Und wenn ich allein herumsitze, komme ich ins Grübeln, ob sich der ganze Aufwand am Ende überhaupt lohnt. Ich bin jetzt 36 und höre die biologische Uhr ticken. Wie sollten wir Kinder bekommen? Das sehe ich nicht.

Sehen Sie eine gemeinsame Perspektive?

K.: Vielleicht schaffen wir es ja irgendwann, in eine Stadt oder gleich in eine gemeinsame Wohnung zu ziehen. In absehbarer Zeit haben wir beide jedoch zu viel zu tun, er an seinem Institut, ich in der Bank, wo ich demnächst Filialleiterin werde. Und dann kann ich sowieso nicht so einfach weg. Wir sollten mal darüber sprechen.

Glauben Sie, dass manche Menschen eher dazu geschaffen sind, eine Fernbeziehung zu führen?

K.: Es wäre für mich einfacher, wenn ich Martin schon vorher gekannt hätte. Wir haben gleich als Fernbeziehung angefangen und wissen nur sehr wenig voneinander. Vielleicht gibt es Menschen, die das lockerer sehen, die auch lange Zeit ohne Partner sein können und sich selbst genug sind. Für mich gilt das nicht. Ich will Nestwärme und Geborgenheit.

Sabine: „Ich achte auf jedes Wort von ihm"

Vor drei Monaten ist Sabines große Liebe Jens nach England gegangen, um seine Studien dort fortzusetzen. Seitdem plagen sie Zweifel und Unsicherheit.

Wie finden Sie es, eine Fernbeziehung zu führen?

S.: Ich vermisse ihn. Das ist für mich alles neu. Wir haben zwar noch nie zusammengewohnt, aber eine solche Trennung nach vier Jahren finde ich schon hart. Natürlich weiß ich, dass Jens nur ein Jahr fort sein wird, aber in dem Jahr kann eine Menge passieren.

Haben Sie schon Vorteile entdecken können?

S.: Nö, bisher noch keine. Ich treffe meine Freunde jetzt öfter. Die haben ein ganzes Entertainment-Paket für mich zusammengestellt und versuchen mich zu trösten.

Welche Nachteile empfinden Sie?

S.: Ich bin irre eifersüchtig. Natürlich mache ich mir Gedanken: Was macht er jetzt wohl? Wen hat er getroffen? Hat sich vielleicht längst eine Konkurrentin bei ihm breitgemacht? Meine Mutter hat immer gesagt, ich hätte zu viel Fantasie. Wenn es um Jens geht, auf jeden Fall! Er ist schon ein toller Typ, unternehmungslustig, aufgeschlossen, immer zum Flirt bereit. Ganz klar, so haben wir uns ja auch kennengelernt. Vor einem Klub morgens um drei hat er mich um das Fahrgeld angepumpt. Und dann liege ich manchmal schlaflos im Bett und stelle mir vor, dass er in England wieder diesen Hundeblick aufsetzt – nur gegenüber einer anderen. Ist er mir treu? Körperlich bestimmt, aber ich werd schon beim Gedanken völlig kirre, dass er sich verlieben könnte!"

Wie gehen Sie damit um?

S.: Ich schlucke es runter. Wir telefonieren jeden Tag und schreiben uns E-Mails. Aber meine Ängste verrate ich ihm nicht. Stattdessen achte ich auf jedes Wort von ihm. Ich hoffe, die Panik legt sich im Lauf der Zeit.

Was würde die Beziehung zerstören?

S.: Ganz klar, fremdgehen. Davor habe ich am meisten Angst. Auch wenn der Kopf sagt, dass er es bisher ja nicht gemacht hat. Warum also jetzt?

Nuria: „Das Beste, was mir passiert ist"

Nuria und Barry liefen sich über den Weg, nachdem Nuria gerade von Nürnberg nach Berlin gezogen war. Drei Tage später musste Barry zurück. Und Nuria buchte den nächstmöglichen Flug nach London. Nach einem aufregenden und anstrengenden Jahr Hin- und Herfliegen bezogen die Kamerafrau und der Grafiker die gemeinsame Wohnung in Berlin – und haben es seitdem keinen einzigen Tag bereut.

Wie fanden Sie das Jahr Pendelei?

N.: Vor allem stressig. Ich bin wegen meines Jobs ohnehin ständig unterwegs, bin mal drei Wochen hier, mal drei Tage dort. Oft erfahre ich das erst einen Tag vorher, und dann heißt es, Tasche packen und schnell zum Flughafen. In dieses Tourneeleben musste Barry integriert werden. Aber das klappte irgendwann auch.

B.: Klar, weil du es gewohnt bist. Mich hat beeindruckt, wie organisiert du immer warst. Routiniert wurden Sachen bei mir deponiert, eine Extratasche für Kurzeinsätze hast du auch immer parat. Da konnte ich nicht mithalten. Musste ich auch nicht, weil Nuria diejenige war, die öfter vorbeikam.

Welche Vorteile haben Sie erlebt?

N.: Dass es überhaupt möglich war. Und dass wir uns die Zeit gelassen haben, bis wir uns entschlossen hatten. Meine Arbeit ist mir sehr wichtig, finanziell war ich in der Zeit nicht immer so rosig gestellt. Aber das hat Barry nichts ausgemacht. Es herrschte von Anfang an, glaube ich, großes Vertrauen zwischen uns.

B.: Genau, dass es möglich war und dass wir es tatsächlich durchgehalten haben. Ich bin da skeptischer gewesen. Aber wir haben schnell eine Routine gefunden – Skype und AirBerlin sei Dank. Test bestanden!

Wie gingen Sie das Projekt „gemeinsame Wohnung" an?

B.: Irgendwann hatten wir genug von allem, und es gab einfach keinen guten Grund, nicht zusammenzuziehen. Wer zu wem zieht, war keine Frage: Ich mag Berlin und habe es von mir aus angeboten. Außerdem lebe ich anders als Nuria, ich bleibe an einem Ort. Dann ging alles schnell: Job und Wohnung gekündigt, Auto vollgepackt und los. Dass in dieser Situation Schwierigkeiten auftauchen würden, war klar. Aber die Jobsuche in Berlin hatte ich mir einfacher vorgestellt.

N.: Die ersten Wochen war es ganz toll mit uns. Wie Flitterwochen. Aber dann sank die Laune deutlich. Ich war wie immer oft weg, und Barry saß allein in Berlin und schlug sich mit der Sprache und dem Schreiben von Bewerbungen herum. Frust und Krach, das war nicht einfach.

Wie sind Sie der Probleme Herr geworden?

N.: Wir sind ziemlich hart gelandet. Er war genervt, weil ich nie da war, und er ging mir auf die Nerven, da ich fand, dass er mich bremsen wollte. Früher hat er doch auch alles verstanden. Und meine Arbeitsweise kennt er ebenfalls. Wir haben viel gestritten, die ganze Leidenschaft war flöten.

B.: Das war wohl das Problem. Als wir noch hin- und herflogen, war immer Urlaub zwischen uns beiden. Ja, das hätten wir vorher wissen können, war aber nicht so.

N.: Wir haben ein Gleittag-System eingeführt, an das wir uns halten. Zwei Tage in der Woche sind für uns reserviert. Werden die mal nicht wahrgenommen, werden sie in einem großen Kalender in der Küche gutgeschrieben und verschoben. Erinnert zwar an eine Kita, ist aber ziemlich praktisch.

B.: Die Idee hielt ich zunächst für dämlich, inzwischen weiß ich sie aber zu schätzen. Ich fühlte mich total alleingelassen. Jetzt kann ich mitreden und auf der gemeinsamen Zeit, die wir Liebesschicht nennen, bestehen.

Bereuen Sie, Ihre Freiheit aufgegeben zu haben?

B.: Nein, nicht einen Tag. Auch wenn unsere Kräche es manchmal ganz schön in sich haben. Ich würde es jederzeit genau wieder so machen. Dazu ist mir Nuria zu wichtig.

N.: Ich dachte, ich hätte es einfacher als er und müsste nur mein Alleinwohnen aufgeben. Aber Barry hat mich ganz schön gefordert. Ich war es gewohnt, meinen Alltag spontan umzuorganisieren. Mit ihm geht das nicht, was ich inzwischen richtig gut finde. Aber ich hätte mich auch auf ihn eingelassen, wenn es schwieriger gewesen wäre. Auch wenn wir uns schon etwas selbstverständlicher geworden sind: Unser Zusammenleben ist das Beste, was mir passiert ist.

Getrennt zusammenleben – ein Zukunftsmodell?

Oder anders gefragt: Sind Nahliebende wirklich glücklicher? Was macht das Modell der Fernliebe so reizvoll? Warum wird aus so manchem Provisorium ein Dauermodell? Zum Abschluss eine Zusammenfassung.

Schaut man in die Statistiken, beantwortet sich die Frage von selbst. Angesichts der rapide steigenden Zahl von Fernbeziehungen in den letzten Jahren hat die Zukunft längst begonnen. Ob Paare nun aufgrund rein beruflicher Rahmenbedingungen getrennt werden oder bewusst getrennte Haushalte führen, um sich ihre Unabhängigkeit zu erhalten und ihre Liebe vor dem Alltagstrott zu bewahren – es werden immer mehr.

Und sie erweisen sich als erstaunlich langlebig. Der überwiegende Teil der für dieses Buch interviewten Gesprächspartner führte seit ein bis zwei Jahren eine Fernbeziehung, manche noch länger. Diese Paare betrachten die Liebe auf Distanz kaum noch als Provisorium, sondern als dauerhafte Lösung, mit der sie sich für die nächste Zeit eingerichtet haben.

Anders sieht es aus, wenn man nach der Zukunft fragt. Da stellen sich die meisten vor, die Pendelei eines Tages zu beenden und sich an einem Ort niederzulassen. An erster Stelle steht der Wunsch nach Kindern, die von den wenigsten mit einer Fernbeziehung in Einklang gebracht werden können, sowie die Sehnsucht nach Geborgenheit, Nähe und Nestwärme.

Doch es geht auch andersherum. Manches Paar, das nach vielen Jahren der Nahbeziehung zum Pendeln gezwungen wurde, erlebte Veränderungen, mit denen es nie gerechnet hätte. Einige Betroffene berichteten von der paradoxen Erfahrung, dass sich die Partner durch die Distanz wieder nähergekommen seien. Gewohnheiten und Verhaltensmuster wurden aufgebrochen. „Plötzlich mussten wir wieder miteinander reden", wie es ein Paar in deutlichen Worten ausdrückte.

Nahliebende beschäftigen sich weniger mit dem brisanten Thema Eifersucht und Seitensprung, haben aber, rein statistisch gesehen, mehr damit zu kämpfen. Auch wenn viele Fernliebende glauben, Gelegenheit mache Diebe, scheint das Gegenteil der Fall zu sein. Fernliebende entwickeln über die Distanz offenbar ein größeres Zusammengehörigkeitsgefühl. Bei Paaren, die zusammenleben, kommen Seitensprünge jedenfalls häufiger vor.

Wenn Routine, Langeweile und Entfremdung die wahren Beziehungskiller sind, dann sind sie in beiden Modellen gleichermaßen zu finden. Sucht man nach den Gründen für eine Trennung, lassen sich zwischen beiden Gruppen nur wenige Unterschiede feststellen. Beide klagten über Entfremdung und Lieblosigkeit als Hauptgrund für eine Trennung. Die wenigsten Distanzliebenden, deren Beziehung gescheitert war, machten allein die räumliche Entfernung dafür verantwortlich – Männer übrigens häufiger als Frauen.

Eine Fernbeziehung schult die Konfliktfähigkeit. Das berichten viele Paare. Um die kostbare gemeinsame Zeit nicht zu verschwenden, zeigen sie eine höhere Bereitschaft, aufeinander zuzugehen und Streitpunkte schnell und einvernehmlich zu lösen.

Manche berichten, dass sie die Zeit der Trennung als eine Art Trainingslager erlebten. Viele Rituale und eingespielte Verhaltensmuster konnten sie später für eine Nahbeziehung nutzen.

Freiheit, Unabhängigkeit und Selbstbestimmung sind die zumeist genannten Vorteile einer Fernbeziehung. In gleichem Maß wird die gemeinsame Zeit als Paar als etwas ganz Besonderes gesehen. Fernbeziehungen sind also alles andere als lau, sondern vielmehr turbulent, abwechslungsreich und intensiv.

Welche Gründe auch immer dazu führen, dass Sie eine Liebe auf Distanz leben: Gerade wenn die Trennung auf Zeit ungewollt ist, weil der Arbeitsmarkt Sie zwingt oder Sie die Liebe Ihres Lebens getroffen haben, die leider am anderen Ende der Welt lebt, und wenn Sie es schaffen, in dieser ungewohnten Konstellation nicht nur die große Chance zu sehen zu wachsen, sondern auch die Liebe am Leben zu erhalten, dann wollen Sie vielleicht auch gar nicht mehr tauschen. Wenigstens nicht für eine Weile.

Goldene Regeln für die Liebe auf Distanz

Wenn Sie noch die Wahl haben, stellen Sie sich ganz nüchterne Fragen: Taugen Sie und Ihr Partner für eine Fernbeziehung? Neigen Sie oder Ihr Partner zu Eifersucht? Klammern Sie in einer Beziehung? Finden Sie Reisen anstrengend und lästig? Sollten Sie frisch verliebt sein, klettern Sie für einen Moment von Wolke Sieben herunter und versuchen Sie genau hinzusehen. Denn es gilt der bekannte Spruch: Lieber ein Ende mit Schrecken als ein Schrecken ohne Ende.

Haben Sie sich zur Fernliebe entschlossen oder entschließen müssen, geht es an die Organisation: Lernen Sie, die Distanz zu überbrücken. Ob die tägliche Guten-Morgen-SMS, das lange Telefonat, vielleicht sogar prickelnde Erotikfantasien am Telefon – alles ist möglich. Sogar ein altmodischer Brief. Manch altgedientes Ehepaar, das zuletzt kaum noch miteinander sprach, ist sich so wieder nähergekommen.

Gewöhnen Sie sich an, den Partner an allen Aspekten Ihres Lebens teilhaben zu lassen. Der graue Alltag mit Finanzamt, Jobangst oder Konflikten in der Familie holt Sie früher oder später ein. Dem Partner am Telefon von vermeintlichen Banalitäten oder schlechten News zu erzählen, hat noch keiner Liebe geschadet. Vielmehr gibt das dem anderen die Möglichkeit, Ihre Reaktionen und Stimmungen besser einzuschätzen.

Denn Krach wird es geben. Schaffen Sie die viel besungene Streitkultur. Trennen Sie sich nie ohne Versöhnung! Verschieben Sie im Notfall eine Auseinandersetzung auf einen späteren Zeitpunkt, aber niemals auf die lange Bank, auch wenn es aus der Distanz einfacher erscheint. Führen Sie notwendige Grundsatzdiskussionen möglichst dann, wenn Sie von Angesicht zu Angesicht reden können. Und ganz wichtig: Egal, wie wütend Sie sind, bleiben Sie erreichbar! Es gibt kein größeres Gefühl der Ohnmacht, als in einer Warteschleife zu hängen.

Auch wenn Sie das Phänomen Eifersucht noch nicht erlebt haben sollten, es wird Ihnen in einer Fernliebe bald begegnen. Nur wenige sind vor dem nagenden Gefühl des Zweifels gefeit. Dieses kommt, weil der geliebte Partner wochenlang in der Fremde unterwegs ist und unbekannte Menschen trifft. Wie Sie damit umgehen, bleibt Ihnen überlassen. Aber lernen Sie es schnell, und sprechen Sie es aus. Negative Gefühle wachsen schnell ins Unermessliche.

Führen Sie Rituale ein, auf die Sie sich beide verlassen können. Vom täglichen Telefonat zur verabredeten Zeit bis zu kleinen Aufmerksamkeiten oder ganz individuellen „Spielchen" ist alles möglich. Das schafft Vertrauen und verbindet – auch über Tausende von Kilometern hinweg.

Sind die überbrückt, betrachten Sie die gemeinsame Zeit, die Sie regelmäßig verbringen sollten, als etwas Besonderes. Das kann zur Gratwanderung werden. Überfrachten Sie das Wochenende nicht mit Terminen und Plänen, sondern lassen Sie sich Zeit mit der Annäherung. Und gewöhnen Sie sich ab, sofort alles nachholen zu wollen, was Ihnen in der Zwischenzeit entgangen ist. Pure Zweisamkeit kann, muss aber nicht sein.

Halten Sie sich an Absprachen, organisieren Sie die Hin- und Herfahrerei, den Zeitaufwand und die Kosten so transparent und nüchtern wie möglich. Sprechen Sie über Zeitprobleme, sobald welche auftauchen. Richten Sie eine gemeinsame Reisekasse ein, wenn einer der Partner finanziell schlechter gestellt ist. Reisen Sie grundsätzlich mit leichtem Gepäck – auch im übertragenen Sinn. Es bleibt schon genug auf der Strecke.

Trennen Sie sich nie, ohne einen festen Termin für das nächste Wiedersehen vereinbart zu haben! Das erleichtert den ohnehin schon schweren Abschied. Und gibt Ihnen eine Perspektive für die Zeit bis zum nächsten Mal.

Apropos Perspektive: Schauen Sie in die Zukunft. Schmieden Sie Pläne, wann und wie Sie die zwischen Ihnen liegende Distanz aufheben können. Manch stetig wiederkehrender Frust, Gefühle von Abgeschnittensein und Einsamkeit sowie die zahllosen Abschiede sind einfacher zu ertragen, wenn Sie wissen: Irgendwann ist auch das vorbei.

Anhang

Literatur

Jens B. Asendorpf: „Living Apart Together: eine eigenständige Lebensform?" In: *SOEPpapers on Multidisciplinary Panel Data Research*, 78, Berlin 2008.

Catrin Barnsteiner: „So fern und doch so nah". In: *Die Zeit*, 6.10.2005, Nr. 41.

Alexandra Berger: Liebe aus dem Koffer. Lust und Frust in der Wochenendbeziehung. Stuttgart: Kreuz 2003.

Harald Bielenski/Gerhard Bosch/Alexandra Wagner: Wie die Europäer arbeiten wollen. Erwerbs- und Arbeitszeitwünsche in 16 Ländern. Frankfurt am Main: Campus 2002.

Karin Freymeyer/Manfred Otzelberger: In der Ferne so nah. Lust und Last der Wochenendbeziehungen. Berlin: Ch. Links Verlag 2001.

Gregory T. Guldner: Long Distance Relationships. The Complete Guide. Corona, CA: JFMilne Publications 2003.

Christine Koller: Liebe auf Distanz. Fernbeziehungen – und wie man sie meistert. Frankfurt am Main: Verlag moderne Industrie 2004.

Alexander Noyon/Tanja Kock: „Living apart together: Ein Vergleich getrennt wohnender Paare mit klassischen Partnerschaften". In: *Zeitschrift für Familienforschung*, H. 1, 2006.

Wolfgang Schmidbauer: Die heimliche Liebe. Ausrutscher, Seitensprung, Doppelleben. Reinbek: Rowohlt Taschenbuch 2002.

Norbert F. Schneider/Ruth Limmer/Kerstin Ruckdeschel: Mobil, flexibel, gebunden. Familie und Beruf in der mobilen Gesellschaft. Frankfurt am Main: Campus 2002.

Peter Wendl: Gelingende Fern-Beziehung. Entfernt – zusammen – wachsen. Selbsthilfe-Fragebögen für die Beziehung auf Distanz. Freiburg im Breisgau: Herder 2005.

Nützliche Adressen für den Fernbeziehungsalltag

Foren und Websites: Für schnelle Infos
fern-beziehung.de
  ist ein privates Forum
gelingende-fernbeziehung.de
  ist die Website des Therapeuten Peter Wendl
familienhandbuch.de
  bietet laufend aktuelle News und Artikel zum Thema Liebe, Arbeit, Familie
longdistancerelationships.net
  wird vom Center for the Study of Long Distance Relationships betrieben. Der Direktor ist der Fernbeziehungs-Fachmann Gregory T. Guldner
single-generation.de
  ist eine Single-Site mit durchaus lesenswerten Beiträgen zum Thema Fernliebe

Flugportale: Hier gibt es den Überblick
billigflieger.de
expedia.de
  Hotline 01805 007164
opodo.de
  Hotline 01805 676361
lastminute.de
  Hotline 01805 284366

cheapfares.de
    Hotline 01805 548500
ebookers.de
    Hotline 01805 505042626
ltur.de
    Hotline 01805 212121 und 01805 887882

Fluglinien: Hier gibt es Angebote für Vielflieger
airberlin.com
    Hotline 01805 737800
lufthansa.com
    Reservierungsbüro 01805 838426
germanwings.com
    Hotline 0900 1919100 (0,99 Cent/Min.)
easyjet.com
ryanair.com
    Hotline 0900 669900

Bus & Bahn: Wer am Boden bleiben möchte
bahn.de
    Hotline 11861 (1,80 €/Min.)
Fahrplanänderungen aktuell:
    Reiseauskunft.bahn.de oder telefonisch 0800 1507090
berlinlinienbus.de
    Hotline-Nummer siehe Fahrplan
touring.de (Eurolines Germany-Deutsche Touring GmbH)
    Hotline 069 7903501

**Mitfahrgelegenheiten kostenlos:
Pendeln in Gesellschaft**
mfg24.spiegel.de
mitfahrgelegenheit.de
mitfahrgelegenheit.ch
mitfahrgelegenheit.at
mitfahrzentrale.de

Telefonieren & chatten
verivox.de
   bietet einen tagesaktuellen Tarifrechner für Auslandsgespräche
billiger-telefonieren.de
   hat ebenfalls einen Tarifrechner
skype.com
   bietet die kostenlose Software, mit deren Hilfe man miteinander zum Online-Tarif kommunizieren kann
netzwelt.de
   dieses Online-Magazin listet noch mehr Programm für die Internet-Telefonie auf.

Register

Abschied 69 ff., 115, 121, 134 f.
Alleinerziehend 11, 18, 38, 100 ff., 115
Alltag 10, 13, 20 f., 24, 27, 29 ff., 38, 43, 46, 51, 54, 58, 60 f., 72, 79, 91, 99, 103, 114 f., 127 f., 132
–, -(s)single 21
Arbeitsmarkt 11, 15 f., 30 ff., 131
Arbeitszeit 31–34, 75, 136
Asendorpf, Jens B. 17, 25, 136
Ausland 14, 16, 20, 32 f., 36, 82, 84, 140

Bahn/Bahnhof 16, 60 ff., 72, 90, 139
Berkiel, Michel 18
Beziehung auf Distanz 11, 18, 26, 30 f., 35, 74, 137
Binationale Ehen 14 f.
Bundesministerium für Arbeit und Soziales 35

Champagner 61

Deutsche Bahn (DB; siehe: Bahn/Bahnhof)
Deutsches Institut für Wirtschaftsforschung (DIW), Berlin 17 f.
Distanz 7, 11, 13, 18, 26 f., 29 ff., 35, 40, 46, 50, 53 f., 56, 58 f., 64, 74, 76, 80, 82, 90, 92, 101, 108, 120, 128–131
Dual Career Couple 32

Ehe auf Distanz 77–80
Eifersucht 11, 13, 30, 37 ff., 76, 87, 93, 97, 101, 115, 118, 123, 129, 132 f.
E-Mail 24, 45 ff., 49, 51–54, 73, 90, 92, 110, 123
Emnid (Medien- und Sozialforschung GmbH, Bielefeld) 12
Entfremdung 29, 63, 130

Fernbeziehung(en) 8–22, 24–29, 31, 35 f., 41, 43, 47, 52, 54, 59, 65, 69 f., 74, 76 f., 80 f., 84, 92 ff., 98, 102, 104, 107, 109, 113, 116, 118, 121 f., 128 ff., 132, 136, 138 ff.
Fernbeziehung, Dauer von 128
Fernpendler 9
Flatrate 49, 109, 140
Fluglinien 139
Flugportale 138 f.
Freiheit 11 ff., 26, 127, 130
Freunde 9, 11, 22, 25, 39, 54 f., 58, 72, 76, 86, 91, 93, 111, 113 f., 122

Getrennt zusammenleben 128–131
Guldner, Gregory T. 70 f., 136, 138

Handy (siehe auch: Mobiltelefon) 47, 75, 108

Idealisierung 35
Institut der deutschen Wirtschaft, Köln 31
Institut für Arbeitsmarkt- und Berufsforschung (IAB) der Bundesagentur für Arbeit (BA), Nürnberg 16
Internet 25, 52 f., 55, 109, 140
Internet-Telefonie 140

Jimenez, Fanny 26, 35, 39, 43, 47

Kinder 9, 19, 32, 38, 104, 112–117, 121, 129
Kock, Tanja 23, 37, 136
Konflikte 21, 24, 37 ff., 48, 66 f., 116, 119, 132
Konfliktfähigkeit 130

LAT („living apart together") 17 ff., 25, 136
Liebe auf Distanz 13, 27, 30 f., 46, 56, 58 f., 82, 128, 130–136
Liebesbrief 24, 46 f., 51 ff., 79, 92 f., 109, 132

Mitfahrgelegenheit 62, 140
Mobil 12, 14 ff., 19 f., 137
–, -telefon (siehe auch: Handy) 53

Montags-Blues 70–73

Nahbeziehung 39, 43, 47 f., 64, 129 f.
Noyon, Alexander 23, 37, 136

Online-Dating 89 ff., 109
Online-Magazin 140
Online-Portal 89, 110
Online-Tarif 140

Pendler 9, 12, 16, 20, 59, 61 f., 68, 89, 112
–, -pauschale 68
Profi-Pendler 61 f.
Projektion 35 ff.

Reisekasse 62, 134
Rituale 43 f., 51 f., 69 ff., 98, 130, 133

Schmidbauer, Wolfgang 41, 137
Schneider, Norbert F. 12, 19, 137
Seitensprung 25, 39–42, 85, 87, 97, 118 f., 129, 137
Sex/Sexualität 40, 64, 101
Shuttle-Beziehung 9, 19 f.

Single 17 ff., 22, 39, 138
–, -haushalt 17 ff.
–, -leben 99
Skype 28, 90, 125, 140
SMS (Short Message Service) 24, 26, 44, 46, 53, 73, 75, 132
Squillo 53
Statistisches Bundesamt, Wiesbaden 14 f., 17
Steuervorteile durch das Pendeln 68 f.
Streit 21, 24, 37, 48, 66, 74, 116, 119
–, -kultur 133
–, -punkte 24, 38, 67 f., 130
Stress 21, 57, 59, 74, 124

Teilzeit(arbeit) 30, 33 ff., 57, 104
Teilzeit-Single 39
Telefon/Telefonate 11, 24, 26, 28, 38, 44–50, 53, 63, 66, 68, 73 f., 77, 79, 90, 92, 101, 104, 113 f., 121, 132 f., 140
Terminstress 29
Trennung 11 f., 20 ff., 35 f., 39, 41, 57 ff., 70 f., 84, 95, 97, 99 f., 105, 112–118, 122, 130 f.

Trennung auf Zeit 20, 22, 35, 39, 57 f., 99, 105, 131
Trennungsphasen 70 ff.

Umzug 32, 83, 85, 87, 95, 113
–, -(s)kosten 68 f.
–, -(s)mobile 20

Varimobile 20
Vertrauen 26 f., 42, 48 f., 107 ff., 125, 134
–, -(s)bruch 40

Website 35, 55, 138
Wilde Ehe 18, 25
Wochenendpendler 10, 19, 60, 112

Zusammenziehen 23, 57, 80 f., 83, 85 f., 100, 121, 125